VIE

Joanne Wilson

VIE

Vis l’Immensité de ton Être

ISBN numérique : 979-10-262-2734-2

EAN papier : 9791026227359

librinova

Courriel : contact@librinova.com
Internet : www.librinova.com

Cet ouvrage est destiné à toutes les personnes curieuses et désireuses d'évoluer sur cette Terre. Il est le fruit d'une Communion.

Moult co-auteurs (éthérés) ont participé à l'élaboration de ce livre qui se veut être un cadeau pour Tous. Celui d'offrir à tout lecteur l'opportunité de reconsidérer sous un jour nouveau sa perception de la Vie.

Que son contenu soit une porte d'accès à une Conscience accrue permettant à chacun de « Vivre l'Immensité de son Être ».

Prologue

Un arc-en-ciel majestueux illumine de son éclat intense le ciel, en ce début de journée qui s'éveille sous une légère bruine. Ce spectacle multicolore matinal, d'une envergure royale, est un signe fidèle.

Il jalonne nos pas et annonce un changement.

Le véhicule brinquebalant entame sa descente en direction du village de pêcheurs. Notre passage sur le sol aride dégage un nuage de poussière beige qui balaie d'immenses cactus siégeant de part et d'autre du chemin caillouteux. Le soleil est à présent haut dans la voûte azure et la mer turquoise, caressée par un vent vigoureux, scintille de mille diamants aquatiques.

Notre destination semble coupée du monde.

Une pensée furtive traverse mon esprit : il n'y a rien ici. C'est loin de tout.

Mais j'entends distinctement : « Nous avons rendez-vous. Il y a Nous. »

Alors que nous abordons un virage étroit, mon regard rencontre une inscription peinte sur une pierre noire qui délimite le bas-côté. L'Essentiel est invisible pour les yeux.

La confirmation que tout est Juste.

On m'attend.

Alors que nous nous approchons des bâtisses à l'allure modeste tapissant la côte, je distingue une bulle transparente qui recouvre l'entièreté de ce lieu isolé.

C'est l'endroit choisi.

C’est ici que le travail va être finalisé.

Dans cet espace retiré, la médium pourra accomplir sa tâche.

Ière PARTIE VIE –
Vis, Imprègne-toi, Expérimente et Exprime !

La Vie est un infini terrain d'apprentissage
qui invite à oser pousser une porte nouvelle
à chaque instant...

1. Auto-école

Vous est-il déjà arrivé de foncer tête baissée dans la Vie et de vous cogner contre un mur qui vous arrête net ? À moi, oui.

Au propre comme au figuré. Et pas qu'une fois... De nombreuses fois.

D'ailleurs, je dois avouer que cela fait rudement mal. À croire qu'il nous faille répéter les leçons aussi longtemps que nécessaire afin de les assimiler en profondeur.

Avec le recul, je pourrais comparer le cheminement sur Terre à une école de sécurité routière.

En effet, dans notre société, les règles de circulation sont établies de façon à favoriser la conduite la plus sûre possible. Tout un arsenal d'éléments contribue à structurer cette organisation, dont des panneaux divers avertissant tantôt des voies sans issue, tantôt des sens interdits.

Dans la Vie, la différence majeure à noter avec ce code est que la plupart des élèves paraissent avoir oublié les principes de base à suivre pour évoluer de manière optimale sur leur voie.

Ils ont, en quelque sorte, égaré le mode d'emploi fondamental.

En effet, alors qu'un *routier en herbe* arrive sur Terre muni d'un système d'orientation interne ultra-sophistiqué et imprégné d'une base de données au potentiel illimité, ce « Bon Sens Universel » de départ semble progressivement être oublié.

Il tend à se faire remplacer, au fur et à mesure de la promenade sur cette planète, par une programmation déphasée par rapport au repère originellement installé. Et ce désaxe acquis, fruit de l'exposition de l'individu à une pluie d'influences diverses, complique grandement son évolution sur le terrain...

Pour commencer certains chauffeurs n'ont aucune notion concernant la mécanique de leur bolide. Ils ne vérifient pas le niveau de l'huile, négligent d'emplir leur réservoir d'essence et espèrent tout de même inconsciemment que le trajet se passe sans heurt.

Quelques chanceux possèdent une voiture en parfait état mais tendent à passer outre certains rudiments garants de l'harmonie du parcours. Ainsi, ils s'engagent sans précautions sur des chemins inadaptés pour leur carrosserie ou noient leur moteur en traversant des fleuves.

D'autres encore s'aventurent sur l'asphalte, encombrés d'artifices qui masquent leurs yeux et colmatent leur ouïe.

Vous conviendrez qu'aborder des carrefours en étant sourd ou aveugle comporte des risques évidents !

Heureusement il existe aussi quelques pilotes qui manient leur engin avec aise et qui ont su préserver leur cap central initial.

En fait sur Terre, se déclinent toutes les nuances imaginables de vécus personnels.

Lors de mes pérégrinations j'ai eu pour ma part l'opportunité d'expérimenter des tas de situations, comme des freinages d'urgence, des embourbements, des impasses. J'ai même frôlé des sorties de route...

Mais, à travers ces multiples aventures et heures de pratique, j'ai eu la confirmation d'une information capitale. Et il me faut impérativement vous la communiquer :

Malgré les apparences les apprentis ne sont pas livrés à eux-mêmes. Les professeurs existent !

Ces derniers excellent dans l'art de l'accompagnement. Ils sont bienveillants, avides de partager leurs compétences avec les élèves et ont à cœur de contribuer au bien-être de ceux-ci. Leur endurance est sans bornes, invitant sans relâche les apprentis à enlever les bouchons qu'ils ont dans les oreilles, ôter les bandeaux qui leur couvrent la vue et dépoussiérer leur mémoire.

Ils proposent une véritable auto-école, école « ***en soi-même*** » !

Si, je vous l'assure ! Ce n'est pas nécessairement évident de remarquer cette assistance, je vous l'accorde. C'est souvent subtil.

Mais les guides chevronnés ne sont souvent rencontrés, reconnus, remarqués ou retrouvés que quand le novice se trouve en mauvaise posture, qu'il a épuisé les ressources de son mental et qu'il est obligé de lâcher.

L'humilité qui accompagne ce « relâchement » permet le contact.

À partir de là, la communication peut s'amorcer.

2. Derrière le voile du concret

Soyons détendus et osons, l'espace d'un instant, laisser de côté la partie rationnelle de notre cerveau qui pourrait s'offusquer des propos concernant ces enseignants.

Allez, comme les enfants, accueillons sans a priori et avec humour cette histoire. Ouvrons-nous à tous les possibles.

Donc, pour revenir à ces fameux instructeurs de conduite de cette Vie sur Terre…

Il va de soi qu'afin de prétendre à ce poste à responsabilité et pouvoir donner un coup de main aux Humains, il faut bien évidemment disposer d'une vision plus large de l'ensemble de la carte routière et de ses codes que les Terriens.

En effet, ces derniers sont souvent compressés par des prérogatives temporelles et sollicités par moult distractions qui limitent leur visibilité.

En toute logique, un apprenti nécessiterait un professeur capable de le seconder et de combler ses lacunes. Ainsi les guides devraient, pour constituer des alliés efficaces et disponibles, être indépendants de toute notion *d'espace-temps* et se trouver *en altitude* pour avoir la vision de l'ensemble.

Une véritable tour de contrôle avec des experts élevés usant de jumelles dernier cri et parés d'un sifflet pour prévenir des dangers éventuels !

De plus, la compréhension globale des tenants et aboutissants de la Vie devrait naturellement leur être acquise. Sinon, comment pourraient-ils être d'une quelconque aide ?

Prenant tous ces points en considération, nous pourrions imaginer que ces « ***assistants exceptionnels*** » n'évolueraient pas dans notre dimension physique mais dans une autre.

Hem, on se rapproche gentiment d'un film de science fiction, me direz-vous ?

Se meut-on doucement vers des notions de physique quantique ? Au choix.

Peu importe l'interprétation.

Je réitère simplement mon offre de départ. Celle de suivre l'histoire avec légèreté.

Ainsi, ces experts ne seraient pas terrestres, mais ***hors-terrestres***, extérieurs à la Terre, dans le sens de ne pas être soumis à ses contingences.

Les termes « ange » ou « bonne étoile » font partie de notre vocabulaire courant depuis la nuit des temps, sans véritablement choquer personne.

Personnellement, je vous propose de nommer la joyeuse équipe composant le « Corps professoral routier de la Vie », « ***les Ataliens*** ».

Ceux-ci formeraient une communauté proche des Humains, mais plus sage.

À l'instar de parents qui garderaient un œil attentif sur leurs enfants souvent inconscients et indisciplinés, ils respecteraient de manière infaillible leur libre arbitre.

Mais ils tâcheraient, lorsqu'une mini-ouverture se profilerait, d'éveiller leur conscience. Ceci, afin de leur éviter des maladresses potentiellement périlleuses et de leur permettre de découvrir de nouvelles chaussées dotées d'un macadam résistant et solide.

J'aimerais vous poser une petite question.

De vous à moi : « Avez-vous déjà traversé durant votre vie des événements qui vous ont questionné sur l'existence possible de protecteurs ?

Avez-vous vécu des situations qui dépassent l'entendement ?

Des événements qui connurent une issue étonnante et peu prévisible ? »

En ce qui me concerne, j'en ai vécu souvent.

L'anecdote qui suit en est un parfait exemple.

3. Cascade hivernale

Il faisait nuit. Je rentrais en voiture (en l'occurrence !) d'une soirée entre amis et une neige épaisse s'était mise à tomber. Sur l'autoroute, la visibilité était mauvaise et un brouillard à couper au couteau venait de s'abattre en quelques minutes. De gros flocons terrassaient mes pauvres essuie-glaces qui avaient de la peine à maintenir leur cadence et le sol était glissant.

Tous les véhicules gardaient leurs distances les uns par rapport aux autres, maintenant une vitesse moindre et prudente.

J'étais nouvelle conductrice et je ne faisais pas exception à la règle, roulant avec encore plus d'attention lorsque soudain... Mon automobile s'est mise à déraper sans préavis. Prise de court, j'ai tenté de contre-braquer pour la remettre dans l'axe mais cela n'eut aucun effet. Dans mon sang l'adrénaline coulait à flots et mes essais infructueux pour tenter de freiner mon engin mirent mon cœur à rude épreuve. Rien ne fonctionnait.

La barrière centrale de l'autoroute se rapprochait dangereusement de moi, ou devrais-je dire plutôt, moi d'elle.

Je me souviens avec limpidité de ce qu'il advint ensuite.

Ma petite Toyota se trouvait à moins d'un mètre de ce métal fixe. Le choc était inévitable.

En une nano seconde, une espèce « *d'arrêt sur image* » se produisit.

Je me sentis soudainement enveloppée d'une bulle cotonneuse et chaleureuse. Mon affolement laissa instantanément la place à un calme absolu et à une extrême lucidité.

J'eus, comme dans un éclair, la plus pure prise de conscience qui soit : ce qui se passait était totalement hors de mon contrôle, je ne maîtrisais rien.

C'était si évident.

Une information d'une clarté si foudroyante, qu'elle me poussa à confier, sans la moindre retenue, mon destin aux mains de l'Univers.

Je formulai ceci dans mon esprit avec la plus totale et authentique acceptation :

« Ok. Les Amis, la Vie, Dieu, si je dois partir maintenant je suis prête, c'est vous qui décidez. Si c'est mon heure, j'y vais. »

À peine cette phrase émise, l'image devant mes yeux recommença à défiler mais très lentement. De plus, le son semblait me parvenir de manière étouffée et lointaine. Je vis distinctement ma voiture venir s'encastrer dans la barrière de manière extrêmement ralentie, comme on le voit dans certaines prises au cinéma. Je percevais la carrosserie qui s'écrasait et se déformait sous l'effet de l'impact, mais le bruit qui devait être effroyable au vu de la violence de l'accident, me parvint comme un bruissement.

En toute sincérité je ne ressentis aucune peur, aucune angoisse, juste un détachement total face à ce qui se produisait à cet instant. J'étais observatrice de la scène.

Ma voiture a donc percuté violemment la borne congelée puis elle a tourné sur elle-même se retrouvant à contre-sens du trafic. Le véhicule qui me suivait ne disposa pas de la marge nécessaire pour m'éviter et fonça directement sur moi. Une collision semi frontale s'ensuivit, renvoyant nos deux voitures naviguer sur le côté droit de l'autoroute.

Après un dérapage aléatoire, ces dernières s'arrêtèrent d'elles-mêmes.

Deux impacts pour le prix d'un seul en une soirée...!!

Double dose de messages, au cas où je n'aurais pas capté la première fois !

Etrangement, durant toute la durée de cet événement, j'étais sereine et tranquille, je me savais accompagnée.

Puis le temps parut reprendre, si je puis dire, son allure habituelle et je sortis de mon auto. Des bourrasques glacées fouettèrent mes cheveux et j'essayai de dompter les mèches sauvages qui entravaient mes yeux, lorsque je me trouvai abruptement nez à nez avec le pauvre conducteur impliqué dans cet accrochage nocturne. Celui-ci s'était empressé de quitter son habitacle malmené pour vérifier que j'étais saine et sauve. Son visage inquiet et rosi par le froid, me scruta avec attention.

« Comment ça va Mademoiselle, vous allez bien ? »

« Je vais bien, merci. Et vous, Monsieur? ... Je suis si désolée. » Répondis-je, embarrassée.

Contre toute attente, lui et moi étions indemnes. Aucune égratignure à déplorer. Absolument rien.

L'homme et moi nous sommes regardés avec incrédulité, puis nous avons machinalement tourné la tête vers nos voitures respectives. Ces dernières étaient parfaitement alignées sur la bande d'arrêt d'urgence, à l'abri de la circulation !

Du haut de mes dix-huit ans, je n'excellais pas dans l'art de la manœuvre à l'époque et je dois avouer que ma première réflexion, en voyant ces deux carrosses à moteur ainsi garés, fut :

« Waouh, épatant. Je devrais prendre des cours avec celui qui a su faire cela... Il est bien plus doué que moi. Qui est cet expert cosmique d'une dextérité exemplaire ? Et où est-il ? »

Mon acolyte d'infortune fut tout aussi stupéfait du positionnement final des deux charrettes modernes, puisque lui-même avait été surpris par le gel sournois niché sur l'asphalte, et n'avait pas non plus été en mesure de diriger sa Mercedes après le malencontreux télescopage.

Pour couronner le tout, alors que nos deux carrosseries étaient dans un état pitoyable, bizarrement les engins étaient encore en état de marche !...

Les improbabilités semblaient se succéder sans compter ce soir-là.

Juste au cas, où je n'avais toujours pas bien vu !...

Nous avions assisté à un pur miracle.

Apparemment, on nous voulait du bien.

Une démonstration limpide de ce qui pouvait se passer au-delà des limites du possible lorsqu'on passe la main venait de prendre place. Un vrai tour de maître !

Le ralenti de la scène que je venais de vivre et qui me sembla durer une éternité fut analogue à une brèche dans l'espace-temps.

En effet, durant ces brefs instants de Conscience absolue, j'avais ressenti que j'étais purement moi-même, connectée à quelque chose de bien plus grand que ce qui était visible.

Une sensation difficile à retranscrire en mots.

Et cette connexion me parut être beaucoup plus familière et réelle que toute autre expérience vécue jusqu'alors sur Terre.

Qu'est-ce que je compris de cet épisode ?

En fait, plusieurs éléments.

Tout d'abord, que les « ***Ataliens*** » s'avéraient être des As du volant !

...Mais ceci n'était pas leur unique talent !

Qu'une protection magistrale m'entourait et que ma présence sur Terre avait un Sens.

Que le rationnel ne représentait pas toute la réalité.

Que j'avais une capacité à percevoir une autre dimension de la Vie de manière particulièrement naturelle, puisque j'avais spontanément ouvert une porte au « *dialogue* ».

Que lâcher le contrôle pour laisser la place à plus Grand que moi, ouvrait un champ illimité de Possibles menant à l'Emerveillement et à la Gratitude.

4. Voies décalées

Comme vous le savez, la vie est emplie de contrastes en tous genres. Le noir, le blanc. Le yin, le yang. Pile et face.

Une capacité à ouvrir sa conscience et un endormissement inconscient profond.

Les deux faces d'une même pièce. Les deux pôles.

Pourquoi est-ce que je mentionne cela ?

Simplement, parce que je n'échappe pas à cette règle.

En effet, malgré mes facultés innées à percevoir ces *coachs* loyaux et avoir pu constater avec clarté l'étendue de leur efficacité à de multiples reprises, mon mental s'est souvent efforcé de nier leur présence.

D'ailleurs à bien des égards, j'aurais mérité le titre de « tête de bourrique du siècle », tant j'ai pu m'obstiner à fermer mes écoutilles pour m'engager sur des voies déphasées, totalement sourde à leurs conseils !

J'ai testé tant de chemins de traverses que je pourrais probablement constituer un dossier complet concernant les nombreuses glissades que j'ai effectuées, ainsi que leurs déclencheurs.

Je sais ce que signifie de perdre sa propre carte routière, d'égarer ses lunettes et de naviguer dans le noir, lorsque les phares tombent en panne.

Je dois ajouter qu'emprunter des sentiers menant aux antipodes de ma véritable nature, était une tendance que je semblais cultiver avec brio.

Bref, mon expérience des divagations routières est vaste.

Mais finalement, ces déraillements intempestifs ont eu le mérite de mettre en lumière de façon évidente, l'inverse de ce qui me correspondait profondément.

Et de ce fait, ils ont été d'une grande utilité dans mon cheminement.

L'un de mes égarements transitoires fut le suivant.

À vingt-deux ans, je circulais sur une autoroute dont le bitume était foncièrement cartésien. Les panneaux indicateurs qui escortaient ce périphérique classique étaient « mariage prévu » et « maison luxueuse en vue ».

Ces perspectives alléchantes, selon les critères de nombreuses personnes de mon entourage, faisaient planer un faux air de conte de fée.

En surface, tout semblait lisse et se mettait en place dans un ordre parfait.

Mais étrangement, je dépérissais.

En effet, mon tableau de bord survolté clignotait avec frénésie et je ne savais d'où provenait le dérèglement.

Un fossé gigantesque semblait séparer ce « contexte idyllique » de mes tripes et mon corps se manifestait avec force ! Heureusement...

Je dus me rendre à l'évidence que je ne disposais que de deux choix : ignorer les signaux d'alerte internes et poursuivre sur ce chemin ou tenir compte en priorité de ma santé et prendre la responsabilité d'ouvrir les yeux sur ce qui n'allait pas.

En vérité, aller dans le sens de la Vie ne comportait qu'une seule option...

Dès que j'acceptai au fond de moi de choisir l'intégrité de mon être par-dessus tout et de confronter mes peurs du changement, tout devint plus fluide.

En effet, j'eus l'impression que mon ouverture soudaine produisit un déclic à large échelle.

Une pluie diluvienne de « ***synchronicités*** » (ou coïncidences heureuses) se mit à rafraîchir mon quotidien de façon étonnante. Tel un volcan, une puissance inouïe d'indices se manifesta, faisant voler en éclat tout ce qui avait besoin d'être remanié dans ma vie. Une lave de réponses fortes et bouillonnantes me parvint à travers moult médiateurs fortuits (textes inscrits sur le tram, émission radio, individus, livres), dont les messages étaient limpides comme le cristal.

Ces informations salutaires avaient peut-être toujours été présentes mais attendant mon feu vert pour se dévoiler, car je ne les avais pas décelées auparavant. En toute honnêteté, je n'étais probablement pas prête à les écouter, ni à en tenir compte non plus, avant cet instant.

Je ne vais pas m'attarder sur des détails inutiles, mais simplement vous narrer une anecdote qui illustre la magie de ces orchestrations de la Vie…

Un jour, une connaissance me recommanda un livre qu'elle avait trouvé pertinent.

J'avoue avoir accueilli ces propos avec distraction, mais visiblement, mon inconscient, lui, en avait pris bonne note.

En effet, alors que je me promenais au bord du lac trois semaines plus tard, la mention de cet écrit, susceptible d'éveiller mon intérêt, me revint à l'esprit. Puisqu'une librairie était localisée à cinq minutes de marche et que je disposais de temps libre, je décidai sur un coup de tête de m'y rendre pour tenter d'acquérir l'ouvrage en question.

Une fois sur le perron, je réalisai avec consternation que je n'avais retenu ni le nom de l'auteur ni celui de l'édition, ni même le titre de cette oeuvre !

La seule donnée que j'avais gardée en mémoire était que ce livre était sorti deux ans plus tôt…Un indice plutôt mince… Une situation ridicule !

Perdue dans mes réflexions, je passai la porte et manquai d'entrer en collision avec une vendeuse se tenant proche de l'entrée.

Confuse, je bafouillai : « Bonjour, excusez-moi ! C'est un peu absurde, mais je cherche un bouquin paru il y a deux... »

Ma phrase fut interrompue dans son élan.

En effet, la jeune libraire me tendit l'ouvrage qu'elle tenait à la main et qu'elle avait été sur le point de ranger avant que je ne la bouscule, tout en me demandant :

« Est-ce ceci, que vous cherchez ? »

Je baissai les yeux et je reconnus immédiatement les couleurs de la couverture du fameux livre... Belle livraison « *express* » !

Je devais de toute évidence lire ces pages, puisque cela vint à moi sans le moindre effort !

Epoustouflée, j'éclatai de rire et acquiesçai.

J'allai ensuite feuilleter ce cadeau providentiel sur les rochers et fut littéralement choquée de réaliser que son contenu me servait des clefs invraisemblables concernant ma propre vie !

...Un véritable mode d'emploi sur mesure par rapport aux besoins du moment.

Les ***Ataliens*** étaient vraisemblablement déterminés à se faire entendre :

« Bon, c'est clair ? Tu as vu ? Tu as compris ? Ici, n'est pas ton chemin. C'est par là ! Alors, écoute-nous bien. »

Toutes les informations envoyées par l'Univers à mon attention, au fur et à mesure des semaines qui suivirent, convergeaient vers une même et unique direction : la Justesse.

Or, me calquer sur ma justesse, impliquait de tout lâcher.

Reconnaître que j'avais fait fausse route et assumer le changement de cap à opérer.

Un véritable Saut dans la Foi, loin du connu.

Malgré la douleur occasionnée par un tel chamboulement, mon cheminement fut adouci par l'accompagnement professionnel de mes assistants consciencieux.

5. Cadeau angélique

Ce fut un dimanche matin. Le lendemain du mariage d'un cousin, quelques semaines après ma transformation de destinée.

Un « *brunch post-noces* » était organisé, mais je n'étais pas du tout dans les meilleures dispositions pour sociabiliser ce jour-là.

En effet, malgré ma conviction d'avoir fait le bon choix en annulant mon mariage, mes ressentis humains avaient été soumis à rude épreuve et la cérémonie de la veille m'avait clairement brassée. J'étais déprimée au point de vouloir me renfermer sur moi-même et ne parler à personne.

Bref, je nageais en plein néant et mon mental tourmenté fonctionnait à plein régime :

« Pourquoi est-ce que je vis cela ? Cela aurait été tellement plus simple si j'avais juste fait un compromis... Qu'est-ce que je fabrique ? Et pourquoi ne suis-je jamais dans une ligne conventionnelle ?... J'aurais peut-être dû juste continuer comme avant ? »

J'étais dans un trou.

Mais soudainement – je ne peux pas trop expliquer le pourquoi du comment – quelque chose m'a poussée. Et j'ai décidé brusquement de me rendre au déjeuner.

Je me lançai sur la route déserte en cette journée dominicale et j'atteignis le lieu du rendez-vous en un temps record. Puisque la porte avait été laissée sciemment béante pour simplifier l'accès aux invités, j'entrai sans frapper dans cette magnifique ferme rustique qui dégageait un charme irrésistible. Je fus accueillie chaleureusement par Jonathan, l'hôte de la maison, qui me tendit une tasse de café fumante. Cette boisson délicieuse me fit l'effet d'un baume réconfortant qui réchauffa mon cœur morose.

Au bout d'une trentaine de minutes, tous les convives étaient attablés autour d'un repas campagnard et l'ambiance battait son plein. Les blagues fusaient et je tâchais de faire bonne figure au milieu de toute cette bonne humeur. Jonathan, occupé à servir ses amis jusqu'alors, vint finalement s'asseoir sur la chaise vacante à côté de moi. Puis il se mit à causer de choses et d'autres avec une légèreté naturelle qui eut tôt fait de me mettre à l'aise.

À dire vrai, sa présence amicale et son attitude tranquille étaient contagieuses, si bien que je me sentis rapidement et étrangement, apaisée en sa compagnie.

« Finalement j'ai eu raison de venir. » Ai-je pensé.

Pourquoi vint- il s'installer à côté de moi, alors que les individus étaient nombreux autour de cette très longue table ?

Avec le recul, je sais que c'était un cadeau personnalisé, un véritable repêchage divin !

J'ai eu la confirmation absolue que je n'avais rien à craindre et que les ***Ataliens*** veillaient sur moi.

« Ouille, elle boit la tasse ! Sortons le filet de sécurité et ramenons-la vers le rivage ! »

En effet, ce fut assez particulier mais petit à petit, je me suis sentie comme dans une bulle confortable et Jonathan se mit à me parler de lui. Il me conta un épisode central de sa vie.

« Il y a quelques années, j'étais apiculteur. Mon entreprise fonctionnait extrêmement bien et mes finances étaient florissantes. Ce métier, je le connaissais sur le bout des doigts et il était tout pour moi.

Mais un jour, – je m'en souviens avec une clarté indescriptible- je travaillais près des ruches lorsque j'entendis une voix murmurer mon prénom : « ***Jonathan*** ! »

Comme il n'y avait que mon frère dans les alentours (il se trouvait à une centaine de mètres de moi en train de retourner la terre), j'allai vers lui pour lui demander ce qu'il voulait.

Ce dernier fut interloqué et nia m'avoir interpellé.

Surpris, je repartis poursuivre mon travail.

La semaine suivante le même appel se fit entendre : « ***Jonathan*** ! »

Embarrassé, troublé et seul cette fois-ci, je ne savais que faire de cette « *voix* ».

Je t'assure que je l'entendais comme je t'entends, clairement, distinctement.

Mais j'ai eu peur et j'ai essayé de l'ignorer à nouveau.

Mais figure-toi que, quinze jours plus tard, je captai à nouveau l'appel ferme : « ***Jonathan*** ! »

Je ne pouvais nier l'avoir perçu parce que la vibration sonore de mon nom paraissait monter en puissance.

En vérité, c'est ma résistance imprégnée de crainte qui s'était amenuisée au fil des semaines. Et c'est cette brèche qui laissa le flot de l'injonction couler de manière encore plus puissante.

Comprenant cela, je me suis finalement posé.

L'angoisse initiale de mon mental capitula devant l'insistance de l'appel et j'écoutai pour la première fois. À cet instant, j'étais prêt.

J'ai enfin ouvert mon cœur et j'ai répondu : « Oui, je suis là. ».

On m'a dit : « ***Jonathan, un jour tu parleras aux Hommes.*** »

Je fus franchement percuté par ces mots.

Parler aux Hommes ? Moi ?

Non, moi je parle aux abeilles et cela dure depuis des années. Ces formidables pourvoyeuses de miel et leurs maisons, c'est mon secteur ! Et il y a peu de chance que cela change...

Mais la voix se fit plus forte : « ***Jonathan, un jour tu parleras aux Hommes.*** »

Plusieurs mois se sont ensuite écoulés après cet événement.

Puis un concours de circonstance malencontreux ou non, – suivant sous quel angle on choisit de regarder la situation – mena mon entreprise à la faillite de manière peu prévisible.

T'imagines-tu le stress ? Un énorme remue-ménage plein d'inconnus et de difficultés incalculables !

Sans travail, les nerfs à vif et à court de solutions, je décidai de rejoindre ma sœur aux Etats-Unis. En effet, celle-ci, m'ayant vu exténué et désemparé, eut la gentillesse de m'offrir le voyage et surtout une pause. Comme j'avais mordu la poussière et que j'étais au sol, son soutien fut une véritable bouée de sauvetage.

Tu sais, étant enfant, j'avais toujours caressé le rêve d'étudier la théologie. Or, arrivé en Californie, la Vie commença à me faire des clins d'œil. En effet, l'une des meilleures facultés de théologie se trouvait à côté de la maison que j'occupais !

Lors d'une balade, je remarquai l'université et je me sentis attiré vers l'entrée. Timidement, je m'adressai dans un anglais quasi inexistant à la secrétaire pour récolter des informations concernant les formations proposées.

Un premier miracle s'opéra : mon interlocutrice me comprit, malgré mon langage incompréhensible !

Un deuxième suivit : il restait de la place pour la nouvelle volée à venir. Et, cerise sur le gâteau, l'année universitaire commençait deux semaines plus tard !

Te rends-tu compte de l'orchestration incroyable ?

Je sus que c'était pour moi. Une totale évidence.

Je le sentis dans mes tripes.

J'étais arrivé juste à temps pour accéder à ce rêve. Quelle bénédiction !

En entendant toutes ces incroyables nouvelles, je ne touchais littéralement plus Terre. J'étais super motivé. Je me suis empressé de remplir les formulaires, plein de Joie.

Après ce début euphorique je commençai à déchanter sérieusement car les premières semaines de cours furent difficiles, horriblement exigeantes.

Je n'avais pas étudié depuis des années et mon anglais était trop approximatif pour suivre avec aise les contenus des présentations. J'avais eu l'opportunité d'emprunter certaines notes à mes camarades afin de compléter mes cours mais elles étaient griffonnées et difficiles à déchiffrer. De plus, connaissant mal l'orthographe, je ne parvenais pas à trouver les traductions dans le dictionnaire français-anglais. C'était un calvaire.

Je fus poussé dans mes derniers retranchements et sur le point de renoncer. Furieux de cette situation semblant inextricable, je m'apprêtais à laisser tomber et à rentrer en France frustré.

Ma rage atteignit son paroxysme et je criai violemment : « Franchement, si je dois parler aux Hommes un jour il faudrait au moins me donner les moyens de suivre cette formation ! »

Je dois avouer que j'étais vraiment à bout et profondément déçu. Je me trouvais idiot d'avoir osé y croire et j'avais la nette impression d'avoir inventé dans ma tête tous ces encouragements. Je me sentais stupide et naïf de m'être laissé berner par un espoir utopique.

Mais vois-tu, quand j'eus évacué toute cette colère et que mon corps lâcha la tension, j'entendis cette phrase simple : « ***retourne juste encore aujourd'hui.*** »

Retourne juste aujourd'hui ?

N'ayant rien à perdre, je suivis ce conseil.

J'arrivai dans l'amphithéâtre plein à craquer et trouvai une place libre à côté d'une fille que je n'avais jusqu'alors jamais rencontrée. Cette dernière était particulière.

En effet, je remarquai qu'elle prenait ses notes avec une écriture magnifique et en majuscule ! Tu as souvent vu ça, toi ?

Des notes en majuscule, alors que les enseignants parlent si vite pendant les présentations... Comment accomplissait-elle cette prouesse ?

Mon cœur ne fit qu'un bon. Je reconnus le signe immédiatement, si bien que j'osai faire part à cette personne atypique de mes handicaps linguistiques.

Dans le rayon « *aide sur mesure* », c'était du « *sur mesure* » !

... Je crois que mes « guides » m'ont testé. Ils m'ont laissé toucher mes limites pour me faire une démonstration immense de leurs compétences.

Bref, cette jeune fille, à l'écriture merveilleuse, me permit tout au long de l'année de bénéficier de son don unique pour dénicher les traductions adéquates nécessaires à mes études. Et je finis, grâce à cette aide angélique, premier de ma promotion !

À présent, je suis aumônier.

Désormais, il m'est impossible de douter quant à l'extraordinaire potentialité de métamorphose qu'offre la

Vie. J'ai l'absolue conviction depuis que l'Impossible est Possible.

Si tu te tournes vers toi-même avec sincérité et que tes aspirations concordent avec ta Mission de Vie, les miracles prennent forme.

Il existe une dimension bien au-delà de ce que notre capacité rationnelle peut appréhender. Cette dimension, ou devrais-je dire, ces dimensions – car elles sont innombrables – me laissent pantois.

J'ai appris une leçon fondamentale à travers mes expériences.

Celle de laisser toute forme d'arrogance au placard.

Plus j'avance et plus je réalise que j'ai tout à découvrir.

Tu vois, nous devrions cultiver notre humilité en tout temps car c'est elle qui permet la perméabilité à l'apprentissage et au remodelage de notre réalité. »

Eh, bien, quelle histoire extraordinaire...

Entendre un tel message lors d'un brunch était surréaliste ! J'avais l'impression d'être dans un cocon de ouate avec mon interlocuteur.

En effet, Jonathan me confia son récit et n'eut aucune hésitation à me parler de la « *fameusevoix* ».

Un vis-à-vis, autre que moi, aurait pu le juger comme étant totalement illuminé...

Ne pensez-vous pas ?

Or, pour moi ce fut la révélation.

J'avais enfin rencontré quelqu'un qui percevait, tout comme moi, ces voix et signes.

Pour lui, c'était normal. Et pour moi également.

Cet échange était un cadeau du Ciel, car je sus immédiatement que Jonathan était présent, afin de me rassurer.

La bulle cotonneuse qui semblait nous entourer me détendit et je dis ceci à Jonathan. :

« Hem, c'est fou. Je vis en ce moment de grands bouleversements... Cela me fait penser à toi et ton histoire de faillite professionnelle...Toutes mes fondations paraissent se casser la figure les unes après les autres. »

Contre toute attente, Jonathan commenta d'un air pensif :

« Ah, c'est bien. Je vois que tu es en de bonnes mains. Si cela se passe ainsi, c'est que tu suivais la mauvaise trajectoire pour toi. Sinon, cela aurait tenu...

Sache que tu ne dois pas t'inquiéter, tu seras accompagnée comme je l'ai été. Ce chemin est merveilleux mais il est loin d'être le plus facile, crois-moi.

Tu dois te faire confiance et rester connectée.

Ce n'est pas une promenade toujours douce, je te préviens. Tu risques d'être secouée dans tous les sens à de nombreuses reprises. Mais cela en vaut la peine.

Tu sais, tu seras testée sur cette route. Tu dois faire attention à bien garder le fil rouge.

Peu de gens choisissent ce parcours de Vérité de leur Être profond, car c'est très exigeant. Très exigeant.

On ne te donnera pas ce que tu veux nécessairement mais ce qui est le meilleur pour ton évolution. Accepter de jouer la carte de l'intégrité jusqu'au bout des ongles rend à la Vie sa pleine saveur.

Sur ce chemin-là, les cadeaux sont phénoménaux, mais les défis intensément redoutables.

Vois-tu, tu as la chance d'avoir saisi la perche et de percevoir ce qui est invisible pour la majeure partie de la population. C'est un don mais il a son revers.

Tu es très seule avec cela.

Le cheminement est souvent très solitaire.

Rares sont les individus avec qui tu pourras vraiment partager. »

Puis il ajouta avec humour : « Tu es simplement en train de vivre un puissant nettoyage de printemps ! Un décapage intégral. »

... Juste les paroles que j'avais besoin d'entendre ce jour-là en particulier.

Et dire que j'avais été tentée de faire l'impasse sur ce sacré déjeuner !

Je dois une fière chandelle à la force inexplicable qui m'y a trainée et je l'en remercie de toute mon âme.

6. Talent

Tous les élèves routiers débarquent sur Terre avec un talent unique. Tous sans exception.

Cela peut être un don pour la cuisine, une facilité pour la musique, la peinture ou encore les sciences. La palette se décline à l'infini.

Mon gadget personnel, lui, est d'un ordre particulier.

En effet, depuis l'enfance, j'ai toujours reçu des informations dans mon cerveau qui, pour moi, constituaient la « *normalité* ».

Je vous cite un exemple parmi tant d'autres.

Lorsque j'avais six ans, j'attendais avec impatience la naissance des petits de la chatte d'un camarade. En effet, j'avais eu l'autorisation d'en adopter un et je me réjouissais de cet événement. Un soir, avant de dormir me vint à l'esprit l'image de quatre chatons magnifiques. L'un d'eux était noir et blanc. Je savais que c'était celui qui m'était destiné.

Le lendemain, j'arrivai à l'école et me dirigeai vers mon copain de classe en lui disant :

« Ils sont arrivés, n'est-ce pas ? Le bicolore est le mien. »

Marc me confirma qu'ils étaient quatre à être nés la veille à vingt et une heure trente et qu'un noir et blanc faisait effectivement partie de la portée. Ce chat m'accompagna durant douze ans et fut un ami absolument merveilleux.

Mais voyez-vous, ma sensibilité intrinsèque était si spéciale et différente de la moyenne des gens, que je ne savais comment jongler avec elle. En effet, nul ne paraissait capter la moindre once de ce qui pour moi était visible et flagrant. De ce fait, je me suis efforcée inconsciemment, depuis mon jeune âge, de mettre sous cloche mon aptitude atypique pour m'adapter à mon environnement.

J'ai taché d'embrasser le mode de pensée conventionnel de cette planète, parce que je ne connaissais pas les outils pour procéder autrement en ce début de trajet...

En effet, je n'avais jamais rencontré une personne dotée de facultés analogues aux miennes, jusqu'à ce que mon chemin croise celui de l'aumônier.

La Vie m'encourageait vraisemblablement à déterrer ma capacité naturelle et la laisser croître.

Elle usait de stratagèmes originaux pour me ramener sur ma voie.

En voici un exemple.

À l'âge de vingt-cinq ans, j'étais tranquillement installée à côté de ma table de cuisine, occupée à converser au téléphone avec une amie. Soudainement, je réalisai que ma bouilloire électrique, placée sur le plan de travail, s'est mise à bouillir sans que je n'aie actionné de bouton. Son sifflement strident couvrit la voix de mon interlocutrice et me tira brusquement de ma discussion. Un peu distraite, je me levai et éteignis l'appareil de manière machinale, puis je retournai m'asseoir. Quelques minutes plus tard, le bruit du bouillonnement de l'eau attira à nouveau mon attention et je dis à mon amie :

« Ecoute, c'est bizarre, ma bouilloire s'enclenche toute seule ce soir. Désolée de t'interrompre encore une fois. On ne s'entend plus. »

Ma camarade, dotée d'un humour certain, dit :

« C'est sympathique, un fantôme te prépare le thé. Moi, je n'ai pas cette chance. »

Je répondis en riant, mais perplexe :

« Il doit y avoir un problème technique avec cet engin. Je demanderai demain à un ami électricien comment un tel mécanisme peut s'enclencher de la sorte. J'ai confiance en ses compétences parce qu'il répare tout ce qui concerne l'électroménager depuis quarante ans. »

Et c'est ce que je fis.

Je contactai Max qui vint ausculter la bouilloire fantasque.

Après avoir observé cette dernière sous toutes les coutures, l'expert posa son verdict :

« Cet appareil n'a pas de dysfonctionnement. Il y a simplement une présence chez toi qui veut que tu saches qu'elle est là. »

« Comment cela ? C'est une blague ? Pas de perturbation de fils ou autre ? Je t'assure que cet objet a pris l'initiative hier de fonctionner sans que je ne le touche. Donc, il doit y avoir un court-circuit, non ? Mais qu'est-ce que tu me chantes ? Tu te moques de moi ? » Répondis-je, peu rassurée.

Une angoisse ancienne commençait à gronder au fond de moi...

« Ecoute, je suis tout ce qu'il y a de plus sérieux. Je te confirme qu'il ne s'agit pas du tout d'un problème technique. Je ne veux pas t'effrayer, mais le fait est que la personne dans ton appartement veut juste te montrer qu'elle est là. Elle te fait des signes parce qu'elle sait que tu es sensible et que tu es à même de la percevoir. Mais c'est une bonne entité, sinon elle t'aurait fait peur depuis belle lurette et elle t'aurait poussée à fuir. » Ajouta Max de manière pragmatique.

« Tu es sûr de toi ? J'espérais obtenir une explication logique de ta part... » Dis-je, décontenancée.

Réalisant que j'étais perturbée, mon interlocuteur dit :

« Tu sais au fond de toi que ces phénomènes existent. De toi à moi, nous sommes tous les deux un peu particuliers, n'est-ce pas ?

Voyant ta réaction, je me rends compte que tu ne gères pas trop ta capacité. Elle te fait clairement paniquer. Il serait bon que tu me parles de temps en temps si tu désires dépasser ta peur. Tout cela n'est pas bizarre pour des médiums.

Quand j'étais plus jeune, j'étais comme toi. J'étais déstabilisé par mes ressentis et j'ai essayé de les étouffer. Je priais pour être comme tout le monde.

Mais j'ai fini par comprendre qu'il n'y avait pas lieu de lutter pareillement. Ce qui compte véritablement est de se sentir tranquille avec qui on est et surtout, d'apprivoiser ses craintes.

Être libre de frayeurs majeures crée une qualité de vie autrement plus agréable.

Tu vois, il n'y a pas de hasard.

Si un électricien « *classique* » avait regardé ta théière, il se serait arraché les cheveux en essayant de trouver une explication rationnelle à cet enclenchement autonome.

Ma venue a eu pour avantage de mettre l'accent sur ce qui avait vraiment besoin d'être reconnecté correctement. À savoir, toi et non pas ta théière.

Le point sensible touché à travers cette espèce de blague cosmique est à travailler et non pas à fuir, sinon tu ne résoudras rien. Si tu désires partager par moment des informations avec moi, je serais enchanté de parler avec toi car je ne rencontre qu'à de très rares occasions des gens naturellement en mesure de capter le « *non visible* »».

Puis il ajouta, remarquant que mon visage devenait blême :

« Hum, désolé. Je suis trop direct avec toi et tu n'es pas encore tout-à-fait prête. Tu as besoin de digérer un peu. Je vais te laisser mais je te rappelle simplement que c'est toi qui définis le rythme qui te correspond. Il serait dommage de continuer à faire un barrage aussi hermétique au flot d'informations qui te parvient, parce que c'est épuisant sur le long terme....Et cela a un sens. »

Inutile de préciser que cette rencontre me bouscula beaucoup sur l'instant.

Mais avec le recul, j'avoue trouver cela assez drôle. Quelle situation comique que celle-ci !

Moi qui désirais ardemment être maintenue dans les sphères concrètes et pseudo sécurisantes du tangible, je ne pouvais plus me voiler la face parce qu'une bouilloire s'obstinait à me faire des farces...

Durant les jours qui suivirent l'intervention du technico-*medium*, l'élève « *small* » constata que sa théière comparse n'avait pas terminé de jouer avec elle.

Cet engin loufoque continua à se mettre en marche au gré de ses envies. Son sifflement ne pouvait pas passer inaperçu et il résonnait comme un rappel de :

« Eh, tu ne veux pas entendre, mais je suis là ! »

J'affirme que je m'efforçai avec détermination d'ignorer ces manifestations intempestives dans un premier temps, en me convainquant que cela allait cesser tout seul. Mais je dus me rendre à l'évidence que cela ne fonctionnerait pas comme cela. Il y avait apparemment un sens à ce que je vive cette expérience inhabituelle et mes professeurs ne me laissaient pas le loisir de contourner la leçon. Ainsi donc, l'interaction avec la bouilloire se prolongea.

Passé le cap du déni, je traversai des sensations de peur considérable, de doute, de jugements, de colères et de questionnements concernant ma santé mentale. Une fois toutes ses émotions évacuées, je me décidai enfin à me faire confiance et je m'adressai à ma bouilloire. Non, c'est une boutade. Une personne discutant avec sa bouilloire pourrait être inquiétant, sauf si elle s'appelle Aladin !

Soyons sérieux quelques instants.

J'annonçai ceci : « D'accord. Je suis d'accord de reconnaître que vous me faites signe. Je sais que cette dimension existe et je suis finalement d'accord d'assumer davantage ma véritable identité. C'est bon, j'ouvre. Mais à la condition que cela se fasse progressivement et que je parvienne à rester ancrée. Mais franchement, si vous pouviez arrêter la farce de la bouilloire, cela m'arrangerait parce qu'elle me tape sur les nerfs. »

Les ***Ataliens*** ont dû bien rire :

« Enfin, elle cesse de faire la sourde oreille ! ...Et elle parle normalement ! Elle, qui tremblait dans ses chaussettes et claquait des dents, la voilà qui retrouve le langage simple qu'elle a toujours connu ! »

Je suis heureuse de pouvoir annoncer que, suite à cette discussion au sommet, ma bouilloire interrompit ses frasques. Ouf !

7. Rencontre inattendue

La Vie poursuivait son orchestration.

Lorsque j'avais vingt-sept ans, je travaillais dans une clinique et ma tâche consistait à favoriser la réhabilitation fonctionnelle du corps.

Un jour, une dame âgée de quatre-vingt-neuf ans vint me consulter pour que je m'occupe de sa main droite qui s'était enraidie depuis quelques mois.

Je dois dire qu'en la voyant s'approcher, je fus surprise par sa prestance. Elle était très soignée, avait de beaux yeux bleu vif et dégageait une bienveillance indescriptible.

Je l'invitai à s'asseoir en face de moi et, passés les préambules, la séance débuta.

Alors que j'étais affairée à mobiliser son index, les yeux rivés sur cette articulation rebelle et douloureuse, la dame me dit tout de go :

« Vous savez, vous ne devez pas vous inquiéter. La personne que vous devrez rencontrer arrivera juste au moment propice. C'est ainsi. Vous ne pourrez pas la manquer. Dans la Vie, il y a un sens. Cela aura un sens. Il n'y a pas de hasard. C'est difficile de le concevoir, mais croyez-moi, tout a un sens même si on ne le comprend pas toujours.

Quand nous approfondissons notre questionnement sur l'existence, les « coulisses » de celles-ci révèlent par mini-goutte leurs mystères, en fonction de notre évolution. Et je puis vous affirmer que cela vaut la peine d'aller au-delà de la simple apparence des événements.

J'ai vécu de difficiles épreuves au cours de ma vie mais, grâce à elles, ma vision a été largement élargie.

Voyez-vous parfois les enfants viennent au monde, mais

repartent rapidement.

Aussi insupportable que soit cette peine, ce bref aller-retour a un sens profond.

C'est dur pour les gens qui restent dans le monde physique. J'en suis consciente, car cela m'est arrivé. Mais cela a un sens.

Lorsqu'on peut dépasser le niveau de l'affect et entrer dans la connaissance, cela nous aide à grandir dans notre appréhension du tableau plus vaste que représente l'existence sur Terre.

On ne voit les choses avec du recul que bien plus tard dans la vie. »

Prise de cours et déstabilisée, je levai le regard vers cette dame :

« Hem, je ne vous suis pas complètement, madame. Excusez-moi. »

Il va sans dire que tenir ce genre de propos instantanés dans un contexte si « carré » était pour le moins singulier...

Cette personne sage me dévisagea avec une absolue douceur et ajouta :

« Vous n'êtes pas prête à saisir ce que je viens d'exprimer. Il ne faut pas que cela vous perturbe pour l'instant, mais je puis vous assurer que cela se clarifiera pour vous dans le futur.

Laissez-vous le temps d'intégrer, mais surtout, ma chère, ne vous inquiétez de rien. De rien. Tout viendra. Rappelez-vous simplement qu'il est vital de « *monter* » dans la vie.

C'est-à-dire de rebondir sur chaque élément perçu comme négatif et y apporter un éclairage. Si l'on se borne à larmoyer en permanence, on passe à côté du véritable sens des circonstances vécues. Se sentir victime est une forme d'inconscience.

Cela peut paraître outrancier de formuler ceci et c'est sans aucun doute une approche marginale que de creuser en soi avec autant d'obstination.

Mais ce chemin solitaire est, ô combien merveilleux, car il sort notre esprit de l'obscurité angoissante de l'ignorance et porte des fruits inimaginables.»

Cette rencontre, aussi fugace fut-elle, laissa une empreinte indélébile dans mon esprit.

La graine de ces phrases-clefs fut semée dans mes neurones mais ne germa que très lentement au fil des années suivantes. La présence apaisante et l'intelligence humaine de cette belle dame me marquèrent profondément.

Malgré le fait que je n'étais pas à même d'intégrer les données communiquées, je savais qu'elle disait vrai et cela faisait résonner en moi une corde familière.

J'étais sincèrement touchée par le contact avec cet être à part, ayant choisi de croître sans interruption envers et contre tout.

Elle incarnait à mes yeux un exemple de capacité de résilience phénoménal et m'offrait une confirmation qu'il était possible de se tenir loin du piège d'émotions ressassées d'aigreur-désillusion que j'avais pu observer auprès de nombreux vieillards.

Un beau jour, je compris ce que cette octogénaire cherchait à me dire.

8. Rebondir et s'élever

Cette dame avait mis l'accent sur trois points centraux dont l'importance primordiale d'*élever* son regard pour apporter un éclairage sur les éléments perçus dans un premier temps comme négatifs. Elle avait distillé la vérité...

Les lettres qui défilent sous vos yeux ont pu être écrites, grâce à un « crash ».

En effet, il y a de cela quelques semaines, j'ai dû interrompre momentanément mon activité professionnelle à cause d'un « *burn-out* ». Je travaille en tant que thérapeute depuis des années et j'apprécie le contact privilégié avec mes patients qui m'enrichit énormément. Mais je dois avouer qu'une part de moi ne pouvait pleinement s'exprimer dans ce contexte structuré. Un décalage profond entre mon activité et ce qui avait besoin de se faire entendre au fond de moi ne cessait de s'accentuer au fil du temps jusqu'à ce que mon corps saturé par ce tiraillement insupportable fut épuisé. Il décida de faire grève. Cet arrêt brutal imposé par mon organisme signa le début d'une renaissance.

Ayant le dos au mur, je n'eus d'autre option que, de m'arrêter pour accéder à mes ressources personnelles et solliciter cette « *intelligence interne* », dont nous sommes tous pourvus. Et ce processus s'avéra être le plus riche des présents et la découverte progressive d'une nouvelle harmonie inimaginable.

Il me fallut atteindre cette extrême limite pour accepter de revoir mes priorités pour le Bien.

Tout d'abord il est à noter que mes perceptions subtiles s'intensifièrent de façon notable, dès lors que je me fus effondrée de fatigue et que les barrières de mon mental furent levées.

En effet, les injonctions de mes *guides routiers* me parvinrent avec fluidité et ces derniers m'enjoignirent avec insistance à écouter dans le silence.

Loin des bruits parasites. Dans le calme le plus absolu.

« Reste tranquille et tends l'oreille !... » Me revenait sans cesse.

Je suivis leur invitation de tout mon être et de tout mon cœur.

...Chers Amis, je peux vous assurer que la réponse ne se fit pas attendre.

« Tu dois écrire un livre ! On ne cesse de te le répéter ! Un Livre ! Un Livre ! » Me hurlèrent mes copains éthérés dans un mégaphone.

Et ils ajoutèrent : « Si tu soignes durant des heures interminables, tu ne pourras jamais trouver le temps de le créer. C'est important et c'est maintenant ! »

Quel message limpide !

Je captai si facilement ces indications que je réalisai enfin avec lucidité à quel point je m'étais obstinée à nier mon don, jusqu'à ce que je sois mise KO !

Oui, il m'a fallu toucher le fond pour accepter cette mutation. Il était grand temps de cesser de jouer la mascarade et d'endosser l'entière responsabilité de mon canal téléphonique interne...

C'était l'heure de souffler et de décompresser.

J'avais toujours su qu'un jour, un livre naîtrait du prolongement de mes doigts et de mes connexions « *hors de l'ordinaire* ». Entendre que le moment était arrivé me combla de joie et me donna la force d'oser me jeter dans le vide de manière totale. Dans l'inconnu jusqu'au bout des ongles. La métamorphose était en chemin.

À nouveau, dès l'instant où je donnai mon feu vert à la Vie, les « synchronicités » commencèrent à se multiplier.

Voici ce qui se produisit dès lors que j'eus accepté de suivre les conseils avisés de mes *associés.*

Ma première démarche fut de chercher un lieu propice à la concentration.

Or, dès que je commençai à feuilleter les annonces immobilières, je tombai instantanément sur une photo qui m'attira, tel un aimant.

J'entendis : « Envoie un message à ces propriétaires, cet endroit est parfait. »

J'ouvris mon ordinateur sur le champ et communiquai les phrases suivantes aux détenteurs de ce magnifique appartement : bonjour, nous serions intéressés de louer votre appartement qui semble lumineux. En fait, je cherche un lieu calme pour m'atteler à la création d'un livre.

La réponse, qui me parvint quelques heures plus tard, me percuta telle la foudre.

« Chers amis, nous avons prié l'Univers pour que ce soient des âmes douces qui entrent dans notre havre de paix. Nous vous réservons ce lieu privilégié, quelques soient les dates d'entrée que vous puissiez désirer. Il sera pour vous.

J'ai moi-même passé huit ans à écrire de nombreux ouvrages dans ce studio à l'énergie si inspirante. Ce sera l'endroit idéal pour mener à bien votre projet. »

Abasourdie, je ne pouvais en croire mes yeux. Une grosse blague cosmique bien costaude me fut offerte pour me rassurer entièrement et me confirmer la justesse de cette voie !

Ainsi, le couac de santé de départ se mua en un magnifique cadeau, orné d'un ruban rouge, qui rayonnait de sens !

9. Union et Sens

Les deux autres informations émises par la belle séniore, « *la personne que vous devrez rencontrer... Vous ne pourrez la manquer... Cela aura un sens* » prirent un jour forme dans la matière.

En effet, dix années plus tard, mon chemin croisa celui de **S**.

Dès que je le vis, me vint à l'esprit : je le connais. Nous sommes pareils.

La dame sage avait absolument raison.

Ces retrouvailles avaient un sens profond.

Alors que je naviguais auparavant maladroitement avec ma sensibilité et que je tentais de l'effacer, **S**. m'offrit un socle solide. Il me montra la voie à suivre pour mener une vie équilibrée sur Terre, tout en maintenant ma parabole naturelle déployée.

Un sentier neuf me fut proposé, qui signa la fin de l'oppression de mon âme et un Renouveau permettant d'intégrer mon don pour ensuite le partager avec tous.

Au contact de **S**. dont les antennes sont « *extra-larges* », je pus laisser affluer petit à petit et de manière tranquille mes dispositions innées. Et lorsque l'apaisement face à mes atypies eut le temps de se fortifier, d'autres collaborateurs se mirent à participer plus activement à ma progression. L'un des premiers fut un être fraîchement passé derrière le voile. En termes humains, décédé.

Jules, un homme charmant d'une cinquantaine d'années, avait eu un lien fort avec **S**.

Pour ma part, je n'avais croisé ce monsieur charismatique qu'à deux ou trois reprises. Mais, aussi brèves que furent ces rencontres, elles eurent un impact considérable sur moi. Je ne pus soupçonner le caractère significatif de notre mise en lien terrestre qu'à partir du jour où nous apprîmes son départ vers l'au-delà.

Lorsque ***Jules*** transita vers la « *suite* », il garda dans un premier « *temps* » un contact étroit avec **S.** et avec moi.

Ceci, pour deux motifs bien distincts. Un remerciement pour **S.** et un « *coaching* » pour moi.

Pour être plus explicite, voici ce qui se produisit.

Alors que **S.** et moi dînions tranquillement, je sentis la présence de ***Jules*** de façon nette.

Je demandai à **S.** : Tu vois ***Jules*** ? Il est hyper présent. C'est rarement aussi franc, non ?

S., qui a pour habitude de banaliser tout ce qui est spirituel et qui ne s'étale jamais longuement sur ce genre de sujet, me répondit :

« Tu sais, ***Jules*** n'arrête pas de discuter avec moi et de me remercier pour tout ce que je lui ai transmis sur Terre. Il est si reconnaissant, qu'il a eu l'autorisation de me permettre de voir tout ce qu'il vit. C'est comme si j'étais dans ses yeux depuis son départ. Toutes les étapes par lesquelles il passe, je les distingue dans leurs moindres détails.

Apparemment, ce cadeau m'est octroyé à cause de tout le travail que j'accomplis. »

En ce qui me concerna, ***Jules*** me parla distinctement ainsi :

« **S.** est un ange. Il faut être très consciente de l'infinie connaissance à laquelle il a accès.

Le côtoyer physiquement est une opportunité unique et d'une valeur incalculable.

Les gens devraient l'écouter attentivement, car il nous fait gagner un temps fou pour notre évolution. Sa préparation rend le passage si aisé. Merci à lui, merci à cet être merveilleux. »

Je dois préciser que c'était la première fois qu'un être défunt me tenait des propos aussi poignants et ceux-ci me marquèrent durablement. Je réalisai plus clairement que de transmettre ces dires était utile pour nombre de personnes et que mon aptitude avait un sens pour aider autrui. Je compris avec force, qu'au lieu de nier cette faculté, il me fallait la nourrir avec soin et l'honorer.

Quelques jours plus tard, je demandai à **S.** s'il continuait à accompagner ***Jules***.

S. dit : « Cela devenait difficile pour moi de gérer ce visionnage en parallèle avec le travail sur lequel je dois rester concentré dans mes journées. Donc j'ai parlé à ***Jules*** pour le lui expliquer.

Je le vis parvenir aux portes et ensuite le film devant mes yeux s'est arrêté net. Depuis, plus de retransmission en direct. C'est touchant d'accéder à un tel cadeau et une telle intimité concernant son parcours éthéré. Mais c'est franchement perturbant de l'intégrer en vivant sur Terre dans la vie quotidienne. C'était un peu trop intense sur la fin. Je me sens tranquille à présent et ***Jules*** va très bien. »

Il se trouve qu'alors que j'écris ces quelques lignes ***Jules*** vient auprès de mon oreille à nouveau pour m'informer de l'importance de narrer cet événement insolite. Il insiste sur le fait que : « ***les Humains seront rassurés et mieux préparés pour le voyage vers l'au-delà en réalisant que les liens avec les proches ne sont nullement coupés à cette occasion.*** »

Il met l'accent sur l'aide non négligeable qu'il me fournit en me communiquant ses compréhensions dans l'après-Vie.

« ***La notion de continuité de liens, d'évolution, de***

cohésion est à souligner. » me dit-il.

Jules intervient de temps en temps auprès de moi depuis son départ et m'aide à prendre davantage confiance en mes antennes.

Il me démontre que le Sens de son départ dépassait largement la compréhension qu'on pouvait en avoir sur l'instant. En effet, il poursuit une tâche extrêmement importante depuis « *l'autre côté* » et sert d'informateur concernant les notions de la Source qu'il acquiert au fil de son évolution sur ce nouveau plan.

Jules tient à ce que sa femme lise ceci, afin qu'elle reçoive l'attestation absolue que son décollage avait un Sens.

Malgré la tristesse que ce départ puisse générer pour les Terriens, son témoignage personnel depuis l'autre côté, constitue désormais une contribution unique et inestimable.

10. Expérimentation sur le terrain

« Il est bon d'ouvrir la porte, mais important de savoir la refermer. »

Comme je vous l'ai expliqué, **S**. est un allié de taille me permettant l'intégration de mes facultés de façon équilibrée. Il n'en demeure pas moins, que cet apprentissage progressif implique certaines leçons devant être travaillées avec soin.

Mes guides aimeraient que je décrive les phases par lesquelles je passe au gré de cette écriture. En effet, mes humbles comptes- rendus paraissent revêtir une importance particulière pouvant profiter à moult extra-sensibles isolés, qui peinent avec des sensations analogues sans en comprendre l'origine…

Précédemment, je vous ai transmis les paroles émises par ***Jules*** à travers moi.

À présent je vais également vous relater ce qui se produisit après cette « *conversation* ». Ceci, afin de mettre en lumière combien toute leçon approfondie inclut une pleine expérimentation dans la chair.

Etant une novice dans l'art de la canalisation, je ne manie pas encore tous les outils parfaitement, ce qui rend l'exercice instructif. Je représente l'élève type en plein parcours scolaire qui teste *in vivo* ce que ces échanges impliquent concrètement.

Et comme vous les savez, la théorie est une face de la leçon et la pratique en est une autre.

Il est judicieux d'expliquer que, lorsque je discute avec un être éthéré, j'ai la sensation de prendre littéralement « un ascenseur cosmique » qui me propulse dans de très hautes sphères lumineuses. J'ai la sensation d'être physiquement en altitude lors de l'écriture avec pour symptôme récurrent, des oreilles qu'il me faut décompresser régulièrement, à l'instar de voyages en avion.

De plus, après une conversation intense j'ai l'impression d'évoluer dans un réfrigérateur. Je suis congelée de l'intérieur et il peut m'arriver de claquer des dents, tant ce froid est conséquent. Le voyage éthéré pourrait être confondu avec un trajet au Pôle Nord, mais l'absence d'ours blancs ou de pingouins me confirme que cela se passe bien sur un autre plan de densité et non pas dans cette région du globe ! Ce ressenti frigorifique peut durer quelques minutes, puis il s'estompe naturellement.

Voici le déroulement de la phase post-téléphonique avec ***Jules***.

Après avoir fini de taper sur mon clavier les ultimes mots de ce charmant vis-à-vis, je fermai mon ordinateur. Puis, je décidai de sortir me promener afin de permettre à mon cerveau de décanter et de retrouver la Terre ferme, si je puis dire. En fait, il s'agit plutôt de faire baisser mon niveau vibratoire afin d'être en alignement avec les fréquences terriennes.

Après une balade prolongée, « l'apprentie factrice que j'étais », ayant cru maîtriser les cours prodigués, rentra tranquillement. Je me sentis pleinement revenue dans mes chaussettes et fus convaincue d'avoir clos adéquatement le portail cosmique.

Or, ces deux démarches spécifiques ne permettent aucune approximation...

Elles se doivent d'être d'une précision millimétrée et effectuées avec une attention particulièrement soignée, point sur lequel j'avais apparemment fait preuve de légèreté.

J'allais m'en rendre compte à mes dépens.

Le premier signe qui aurait dû m'alerter était que le sentiment interne de glaciation (sensé disparaître dès le double tour de clef cosmique) m'avait accompagnée tout au long de la soirée. Par erreur, j'avais attribué cette persistance de frissons à la fraîcheur de l'air, me contentant d'enfiler un pullover plus épais. Et cette omission de précautions primordiales allait me servir de « ***cours accéléré pour les Nuls*** ». Je fus réveillée en pleine nuit par des nausées considérables et un système intestinal en vrac. Le lendemain, je me levai sans énergie, la tête brouillée par un nuage d'entre-deux eaux. Mon corps physique recommença à se manifester, mimant les symptômes d'une intoxication alimentaire magistrale, assortie d'une angoisse de perte de connaissance.

Bref, ce n'était pas terrible de me trouver en pareil état et ceci d'autant plus que, **S.** était à l'étranger. Après avoir pris sur moi et tenté de remédier à ce problème de santé sans succès, je me résignai à l'appeler à la rescousse.

La première question de sa part fut : « Dis, tu es sûre d'avoir bien fermé la porte avec ***Jules*** ? Parce que le lien est toujours actif. Bon, attends. Je m'en occupe ! »

Cet épisode constitua à nouveau une révélation pour moi. En l'espace de dix minutes, mes joues avaient retrouvé leur couleur rose habituelle, contrastant avec la pâleur extrême du petit matin. Les nausées insupportables et paroxystiques, qui m'avaient rendue prisonnière de la salle de bain, n'étaient plus qu'un lointain souvenir.

Un calme absolu emplissait désormais mon être, offrant à mon organisme un repos bienfaisant. Mon corps rééquilibré cessa de protester et je fus emplie de gratitude par cette guérison « *express* ».

Je rappelai **S.** et le remerciai pour cette bénédiction.

Cet ange me donna les instructions suivantes : « Bon, plus de canalisations avant mon retour.

En fait, tu as gardé l'accès béant et la vibration d'en-haut, maintenue toute la nuit, a secoué ton organisme comme un « *shaker géant* ». C'est hyper important de savoir verrouiller la porte de manière hermétique. Pour l'instant, il faut laisser ton corps se reposer avant de recommencer.

Tu sais, faire ce genre de travail est très fatiguant et a un prix pour l'enveloppe matérielle. Tu es en train de l'apprendre, c'est normal. »

Je confirme que cet inconfort majeur expérimenté a eu le mérite de me démontrer avec force l'importance du « médiateur corporel ». Une vigilance aiguisée doit être cultivée lors de ces transmissions d'informations, sous peine de conséquences désagréables.

Une fois cet aspect concret géré avec soin, la transmission éthérée privilégiée peut s'opérer en toute quiétude. Réceptionner le message céleste est magnifique et un cadeau en soi.

Un honneur.

11. Contacts hors-terrestres

À ce stade de l'écriture mes *associés* m'encouragent à ce stade à dévoiler un pan particulier de ma personne.

Accrochez votre ceinture.

Aussi loin que je me souvienne, j'ai toujours porté un regard différent des autres sur le monde dans lequel j'avançais. Enfant, je connaissais déjà l'importance capitale que constituait l'évolution spirituelle d'un être et je savais qu'elle était le moteur principal à privilégier coûte que coûte.

Les notions imprégnées dans mes cellules étaient si nettes, que je pensais qu'il en allait de même pour tous mes camarades routiers et que ceux-ci poursuivaient leur ligne de conduite avec la même compréhension. Je réalisai au fur et à mesure de mon parcours, que ce n'était pas le cas et que ce qui me semblait si limpide était souvent étranger pour autrui. Ceci m'amena à me questionner considérablement sur ce qui aurait pu être à l'origine de cette différence majeure.

Lorsque j'étais extrêmement petite, j'ai expérimenté, à de très nombreuses reprises dans mon quotidien, les effets d'un « *changement rapide de densité vibratoire* ».

Je suppose que ce phénomène est inconnu pour la plupart d'entre vous.

Pour simplifier, nous pourrions comparer l'être humain à un instrument de musique en mesure d'altérer la fréquence sur laquelle il joue. C'est-à-dire, capable de monter ou de descendre en vibration.

Plus la fréquence sur laquelle une personne vibre est haute, plus la perception du monde subtil est aisée.

Cette élévation vibratoire rend l'accès à la vision des champs énergétiques ou des êtres éthérés facile.

Etant enfant, je ne savais pas cela. Mais de brusques montées fréquentielles s'opéraient spontanément, lorsque je me détendais...Voici la description de l'une des situations que je traversai.

Je devais avoir quatre ans.

Emmitouflée sous mon duvet sur le canapé molletonné, je me délectais de mes dessins animés favoris dont la teneur était d'une candeur absolue me procurant une joie toute enfantine. Soudainement, les couleurs issues du modeste poste de télévision semblèrent s'intensifier de manière exagérée, m'éblouissant et m'obligeant à cligner des yeux de façon frénétique. Je cherchai à calmer l'intensité de la lumière qui me parvenait, mais, même les yeux clos, je ne pus me soustraire à sa présence.

Je regardai autour de moi avec affolement et eut l'impression que les murs bougeaient. Ils semblaient tantôt se rapprocher de moi, tantôt s'éloigner. À l'instar d'une pièce élastique ou caoutchouteuse.

Je m'accrochai aux accoudoirs, cherchant à me stabiliser dans cette pièce mobile et je me rendis compte que l'ensemble du décor semblait rayonner autour de moi de façon intense.

Je criai fortement afin d'attirer l'attention de mes parents. Ceux-ci, effrayés par ma réaction paroxystique et désemparés par l'incompréhension la plus totale du problème, m'emmenèrent à bout de ressources aux urgences pédiatriques ophtalmologiques.

Le médecin de garde m'ausculta sous toutes les coutures sans trouver le moindre souci physique et il rassura mon entourage.

Hum, évidemment, il n'existait pas d'appareil, qui soit en mesure de définir la cause des symptômes. En effet, il est logique qu'un petit enfant qui perçoit clairement les « *auras* » et de manière incontrôlée, constitue une énigme pour la science.

Je me souviens que cette sensation d'altération vibratoire se produisait également durant mes cours de danse classique, activité dont je raffolais et qui me permettait de m'exprimer pleinement sur le plan artistique.

Me reviennent à l'esprit des visions ultra luminescentes dans le miroir, lorsque j'exécutais des arabesques ou des pirouettes. Ces scintillements particuliers et cette variation de luminosité, alors que je m'efforçais de reproduire avec grâce les pas de deux ou les grands jetés, me déconcentraient bien souvent et me procuraient un sentiment d'irréalité.

Je n'avais pas réalisé que mon contrôle inconscient sur mes perceptions naturelles, s'estompait pendant ces occupations de détente.

C'est comparable à soulever en un éclair le toit de sa maison (ouverture vers le ciel du chakra au sommet du crâne) un jour de grand soleil. L'aveuglement procuré par ce radical changement de luminosité peut vous dérouter par sa soudaineté.

En vérité, je lâchais, l'espace d'un moment, la bride sur mes ressentis et laissait le champ libre à la vision complète des énergies autour de moi.

Je dois ajouter que cette compréhension ne me parvint que des décennies plus tard, quand je fus à même d'affronter ces paramètres avec sérénité.

En effet, je ne connaissais personne à cette période avec qui j'aurais pu échanger concernant cette « *clairvoyance* ».

Lorsque j'eus treize ans, je tombai assez gravement malade. Ce qui commença par une extinction de voix et un rhume carabiné se transforma en une coriace pneumonie qui me cloua au lit pour de nombreuses semaines. Elle était rebelle et inquiétait mon docteur qui me rendait visite à domicile régulièrement, puisque j'étais incapable de me lever. Durant cette période d'affaiblissement majeur, je fis ce que je crus être des rêves innombrables. L'un d'eux me marqua de manière si forte, que je ne pus jamais l'oublier.

Je vais tâcher de le transmettre au mieux mais il est possible que ce compte-rendu soit un tant soit peu décousu.

J'étais au lit en piteux état et je me suis endormie. Puis, je me suis vue transportée dans l'espace et emmenée dans un endroit d'où je vous pouvais discerner la Terre dans son entièreté, à l'instar des photos de notre planète prises depuis la lune.

Ensuite, « on » m'a transmis des informations concernant le sens de la vie sur Terre et montré des points bien précis sur divers continents.

Bizarrement, j'avais la vision dans mon esprit d'une femme enceinte en lien avec ces graphiques ou quadrillages lumineux sur la planète.

« On » paraissait insister sur l'importance de cette information et cette image spécifique féminine. Sur l'instant j'avais apparemment compris le message profond.

« On » m'expliqua également l'importance des liens et des connexions cachées qui relient le Tout. Ce que je tente de retranscrire ici sont des « *flashes* » inscrits dans mon cerveau.

Puis, ce fut le chaos le plus total.

Je me retrouvai dans ma chambre, maintenue fermement au niveau des bras par mes parents qui s'efforçaient de glisser de force un thermomètre dans ma bouche parce je brûlais de fièvre. Ils avaient été alertés par des phrases distinctes que j'avais prononcées en pleine nuit et d'un volume auditif suffisant pour les réveiller.

Croyant que je m'adressais à quelqu'un de « *présent physiquement* », ils vinrent vérifier que tout allait bien. Après avoir touché mon front perlant de sueur, ils se rendirent compte avec effroi que ma température devait avoir encore augmenté.

Sortant de cet état particulier, j'ouvris les yeux et je perçus leur peur. J'essayai de les calmer et de leur dire que, dorénavant, tout allait rentrer dans l'ordre. Il me parut étrangement prioritaire de formuler les messages entendus, sous peine de les voir disparaître rapidement. Ces propos, incompréhensibles pour ma famille, eurent l'effet inverse.

En effet, au lieu d'être rassurés par mes explications, ils étaient convaincus que je délirais davantage. Plus mes parents s'obstinaient à me contraindre, plus je luttais pour enlever cet objet froid qu'ils m'imposaient et qui faisait barrage à mon élocution. Je tenais absolument à exprimer ce que j'avais vu et vécu avant que cela ne s'efface.

Il est à noter que mon état de santé s'améliora de manière notable dès le lendemain de cet épisode. L'accès de fièvre carabiné de la veille marqua le début d'une guérison qui surprit tout le monde par sa rapidité.

Le médecin qui me suivait depuis des semaines, ne put que constater, au bout de trois jours, la disparition complète de tout de bruit suspect au stéthoscope et l'arrêt inexplicable des expectorations jusqu'alors diluviennes.

De cette période de vulnérabilité corporelle accompagnée de multiples « *rêves- expériences* », je ne garde que des souvenirs fragmentés. Des images collées bout-à-bout dont les interstices sont gommées.

Alors que j'écris ces lignes, se mettent à défiler dans mon esprit des images refoulées.

Moi qui ai gardé toutes ces informations secrètes depuis

des dizaines d'années, je suis encouragée par mes guides à les communiquer. Aussi, dois-je faire preuve de courage et oser exposer ces notions, quoiqu'on puisse en penser.

J'ai mentionné le terme « rêve-expérience », parce que, si ce passage de ma vie me laissa totalement libre de toute séquelle physique, il marqua mon cerveau d'une trace indélébile.

Un rêve est un rêve : il peut avoir un impact conséquent mais il tend à disparaître dans le temps.

Mais une « *expérience* », c'est différent. Elle imprègne les cellules. Elle est incrustée quelque part en nous et son souvenir peut rejaillir à la surface lorsque certains déclencheurs s'activent. C'est pour cette raison que je ne peux pas simplement évoquer le mot « songe ou rêverie », c'était clairement autre chose.

Un changement radical en moi se produisit ensuite. Alors que j'avais toujours été passionnée par l'espace, les étoiles et l'ensemble du cosmos, dès ma convalescence, je ne pus plus gérer psychologiquement ce sujet.

Etrange, n'est-ce pas ?

La moindre allusion en lien avec ce domaine provoquait des « *flashes* » accompagnés d'émotions intenses. C'était comparable à un bouton sur lequel il me fallait éviter d'appuyer, sous peine de revoir surgir des informations intraitables pour moi. Apparemment mon cerveau était verrouillé sur certains niveaux et entretenait cette fermeture, car le contenu qu'il recelait était trop explosif et préjudiciable pour ma santé mentale.

Il se trouvait que dans ma vie courante, nombreuses furent les occasions de titiller cette manette et j'eus énormément de difficultés à passer entre les gouttes de ces stimuli impromptus.

Que cela soit une image à la télévision, la mention de distance géographique importante, des sons ou certaines lumières, je jouais à l'acrobate en permanence pour ne pas céder aux sensations et visions qui menaçaient de se révéler. Cela me pétrifiait littéralement.

Une phobie de l'espace. Je ne pouvais absolument plus aborder ce sujet épineux qui manquait de me faire décompenser à tout instant.

Me replonger en ce moment sur les ressentis d'alors et le manque total de vis-à-vis adéquats à cette période, me fait prendre conscience de la bénédiction que la Vie m'a octroyée, de l'immense chemin parcouru.

Car, malgré le degré de difficultés inhabituelles que j'ai pu rencontrer, « on » m'a permis d'être aiguillée en temps et en heure dans la bonne direction.

Cette « *bonne direction* » étant la possibilité de rencontrer les *routiers terrestres* en mesure de m'aider à identifier, comprendre, intégrer et gicler mes peurs de manière définitive pour les transcender.

Oui, je suis le témoin par excellence, que lorsqu'on s'obstine dans le sens de la conscience, les réponses nous parviennent au moment opportun. Ce qui peut sembler insurmontable à un instant X est parfaitement capable d'être dépassé en un temps Y.

La Vie octroie des ressources et aide qui désire ardemment évoluer.

J'en suis la preuve vivante.

Un petit « *a parte* ».

Les symptômes décrits précédemment peuvent être soumis à moult interprétations. Selon l'angle de vue de l'expert découlera un ensemble varié d'explications.

Par exemple, un médecin pourrait faire l'analyse suivante : association organique (fièvre) et souffrance psychologique (angoisse adolescente) comme provocateur de manifestations.

Un acupuncteur penserait que les points « fenêtres du ciel » étaient simplement trop activés.

De nombreuses analyses basées sur une optique terrestre conventionnelle pourraient être établies. Mais j'ose une question.

Et si la cause véritable de ces « *flashes d'espace* » ne concernait rien de connu ? Si l'origine de ce trouble se situait dans un registre inconnu pour les Humains ?

S'il impliquait une réalité qui dépasse l'entendement terrien ?

Cela représenterait un défi de taille majeure !

Imaginons que cela soit le cas.

Face à cette éventualité s'offrent deux options : soit le verrou hermétique et le rejet, soit l'humilité du questionnement véritable...

Cela peut bousculer tout un chacun, j'en conviens. Pour ma part, je ne peux que rapporter mon vécu personnel.

12. Concevoir l'inconcevable

À moins d'avoir expérimenté dans sa chair et avoir ressenti en profondeur certains événements, il est absolument impossible de faire un « *Grand écart* » d'une telle ampleur.

Envisager que d'autres êtres puissent véritablement exister dans l'Univers est proprement inconcevable pour nombre de gens. Avoir été en contact avec eux et en avoir gardé des traces « *mémorielles* », est une histoire encore plus irrecevable. Je le conçois aisément.

C'est d'ailleurs ce qui rend mon aptitude si difficile à gérer.

Les experts en astrophysiques et autres émettent l'hypothèse que des peuples *non humains* soient en mesure d'évoluer dans d'autres galaxies. Mais ils affirment également n'en avoir aucune preuve. Cette stagnation, limite de connaissances de la science actuelle, maintient un « *statu quo* » préjudiciable pour les Humains, surtout pour ceux ayant la « *notion* » du contraire.

Ces propos sont sans doute directs et choquants, mais ils reflètent mon ressenti.

Vers qui peut-on se tourner pour trouver du réconfort lorsqu'on est confronté à quelque chose sensé ne pas exister ?

Que fait-on dans ces cas particuliers ?

Quelles sont les alternatives à disposition, mis à part qualifier de « *psychose* » ce genre de compte-rendu ?

La solution instinctive consiste à ne surtout pas en parler. Voilà **la** solution.

Ce silence assure le maintien d'une forme précieuse de crédibilité.

Très bien. Mais la vérité est que le corps, lui sait ce qui est vrai. Il n'oublie pas et le manifeste.

À ce stade, j'avoue que si mes accompagnateurs ne me confirmaient pas combien il est important que j'aborde ce sujet, je me tairais. Tant cela me touche.

13. Intégrer toutes les pièces du puzzle

« On ne peut fuir éternellement des parts de nous-mêmes. »

Après avoir passé une vingtaine d'années sur Terre, encombrée de mon baluchon « phobie de l'espace » j'eus la chance de rencontrer **S**.

Non seulement ce dernier avait vécu des situations « *extraordinaires* » analogues aux miennes, mais il maîtrisait l'art de déconnecter les systèmes dysfonctionnels et de rétablir le programme dans le « bon sens » afin de recouvrer une harmonie nouvelle.

Ainsi, mes peurs cosmiques prirent fin... enfin !

L'angoisse fut évincée, le contenu anciennement intraitable se mit à prendre un sens insoupçonné et me procura un sentiment que je n'avais jusqu'alors jamais expérimenté, celui d'être posée en acceptation totale de mon être.

Exit le contrôle de mon mental sur les majeures atypies de mes « *connaissances* » et leur source. L'ensemble constituait mon expérience de vie et l'intégrer dans son entièreté me permettait enfin d'arrêter les éreintantes luttes internes qui m'avaient terrassées durant des décennies.

Lorsque le barrage interne fut levé, un flot de souvenirs me revint. Je réalisai que de tout temps, j'avais été au contact de « *mondes parallèles* ».

Des réalités qui se trouvaient à un feuillet transparent l'un de l'autre.

Je ne sais si mes paroles sont claires.

C'est un peu comparable aux voyages d'une personne naviguant entre deux pays équitablement familiers. L'un des lieux serait « La France » (par exemple)-lieu de résidence et l'autre, le fin fond de l'Amazonie (stage extrêmement fréquent).

L'individu, à force de faire la navette entre ces deux lieux très opposés serait profondément empreint des deux cultures.

En l'occurrence, mon lieu de résidence était l'Europe et mon stage fréquent...Spirituel-spatial ! Cela surprend.

La différence majeure à noter est que la résidence était consciente et le stage, lui, était refoulé au fin fond de mon inconscient, parce qu'ingérable.

Intraitable puisqu'en lien avec une notion dépassant l'entendement terrestre.

J'aimerais préciser ici que le lieu du « *stage* » n'était pas un endroit traumatisant pour moi du tout. Au contraire, je me trouvais dans cette autre réalité au contact d'êtres à la conscience supérieure, ayant accès à des technologies bien en avance sur celles de la Terre.

Ces individus me transmettaient un amour indescriptible et m'apaisaient au plus haut point.

J'ai la sensation que je me rendais dans cet endroit de manière extrêmement régulière, à l'instar d'une résidence secondaire.

Comment y allais-je ? En voyage astral.

Un instant, je suis dans mon lit.

L'autre instant, j'évolue dans une pièce blanche arrondie.

Il n'y a pas de fenêtre et des personnes en combinaisons moulantes travaillent sur des boutons lumineux dans tout le spectre de couleurs. Ce lieu est familier.

Un endroit où on m'informe progressivement, on m'éduque en quelque sorte. Je suis dans un lieu sécuritaire où les vis-à-vis sont pleinement « *lisibles* » si je puis dire.

Les pensées ne sont pas cachées. Les êtres communiquent sans parler.

Puis le retour dans mon lit sans souvenir.

Ces allers- retours réguliers ont jalonné mon parcours, mais je n'ai pu extraire ces informations que, lorsque je fus en mesure de le faire en toute tranquillité, quand les conditions furent réunies pour mener ce processus de « rappel » en toute sécurité émotionnelle et mentale.

Il est d'ailleurs incroyable de découvrir un aspect si familier niché aux tréfonds de son être et qui se déploie enfin afin d'enrichir sa conscience.

Pouvoir finalement « recoller » le conscient et l'inconscient apporte un bien-être indiscutable. Au lieu de filtrer et sélectionner à outrance les informations qui m'habitaient, je pouvais enfin lâcher et apprivoiser l'ensemble.

Ceci constitua un changement majeur pour ma propre sérénité.

Mes guides insistent à cet instant pour que je formule précisément ces propos (que je m'efforçais de taire et qu'il me coûte d'écrire) pour ma progression personnelle.

Etant plus âgée et plus solide, je peux apparemment assumer tout regard désobligeant ou critique à l'égard de ces notions.

Ils m'incitent à :

« Prendre conscience que je n'évoluerai pas éternellement sur Terre dans mon véhicule matériel et que transmettre ces récits aidera nombre de gens ».

« Les générations futures pourront bénéficier de ces témoignages et sauront les mettre à profit. Cela dépasse ma petite personne. » Me dit-on.

Et je me dois d'être la scribe flexible.

M'est donnée l'occasion de dépasser mes *a priori* et craintes terrestres du jugement.

Ce dernier n'est pas important, puisque « l'éveil de la conscience implique l'arrêt de cette approche périmée ».

S'élever signifie se détacher de tout « qu'en dira-t-on ».

Être imperméable aux avis et simplement transmettre.

Lorsque j'étais très jeune, je réalisai qu'un décalage faramineux existait entre mes ressentis-informations et la « perception normale terrestre ». De ce fait, je ne pouvais absolument pas laisser libre cours à mes visions naturelles, parce que j'étais seule à les avoir. Il m'était dès lors impossible de me caler sur elles, car elles étaient en total et absolu déphasage avec celles des humains. C'était comparable à devoir choisir une réalité au détriment d'une autre, malgré le fait que cette dernière « réalité » soit profondément incrustée dans mon être.

Ces propos peuvent faire penser ici à un trouble schizophrénique, j'en conviens.

Néanmoins, je prends le risque de les exposer, puisque les témoignages d'expériences similaires aux miennes voient le jour de façon de plus en plus récurrente et se multiplieront à l'avenir.

Il me semble judicieux de s'y pencher un instant.

Il est positif de savoir qu'aux Etats-Unis travaillent à présent de nombreux psychologues et autres thérapeutes spécialisés dans la prise en charge d'individus relatant ce genre d'expérimentations. Ces professionnels sont en mesure de prendre en charge avec une ouverture d'esprit nouvelle ces patients appelés « experiencers ».

Grâce à ces experts médicaux humbles et intelligents, suffisamment solides pour oser revoir leur compréhension de la réalité, ils contribuent à aider ces personnes démunies face à leur situation « hors norme ».

Il n'y a rien de plus terrible que d'être cloisonné dans un diagnostic réducteur et erroné établi par un

« pseudo- spécialiste », incapable d'embrasser la dimension nécessaire à une telle prise en charge.

Cet exercice d'élargissement de vision constitue un défi monumental. En effet, il est nettement plus facile de s'en tenir à des notions connues et inscrites dans les registres médicaux officiels que de sortir de cette zone de confort.

Se soumettre à une remise en question vertigineuse demande une assise incommensurable et n'est pas à la portée de n'importe quel individu.

D'ailleurs, ce « saut quantique » fait partie intégrante de l'évolution de l'humanité.

14. Ciment de la Conscience

Pour ma part, je me sens bénie d'être apte à faire office de « pont » entre les diverses formes de réalité avec lesquelles je suis en lien. Elles recoupent des richesses utiles pour les routiers et je suis heureuse de les partager.

Le contact étroit entretenu avec ce « *monde hors-terrestre* » m'a permis de dépasser et de transcender de multiples difficultés. La Conscience prodigue un éclairage sur nos expériences terrestres pouvant s'apparenter à du ciment qui colmate les brèches, mêmes les plus profondes. Sans conscience, une expérience éprouvante mène souvent un élève à l'apitoiement sur soi, l'effritement de sa confiance ou une fragilisation de sa personne. Alors que le passage laborieux, éclairé de son « sens », fournit à l'apprenti l'occasion de se renforcer.

Lorsque je traversai la période solitaire durant laquelle tous mes fondements terrestres s'effondraient les uns après les autres, l'appui sur l'autre « *base* », axée sur cette conscience plus large, m'offrit un socle autrement plus costaud et fiable que les liens friables humains.

Grâce à cela, je pus grandir et cultiver davantage ce contact privilégié. Je n'aurais certainement pas creusé autant en moi et eu à peaufiner ce lien si spécial spatial, si mon chemin avait été parfaitement lisse. La facilité aurait laissé dans l'ombre un nombre incalculable d'éléments propices à l'émancipation des Humains.

Chers Amis, mes craintes d'assumer mon vrai rôle ont enfin lâché.

Je vous l'annonce à présent, parce que ce matin **M.** – un scientifique décédé, en lien avec les experiencers – désire communiquer par mes écrits.

Je lui laisse la place.

Il commence par me dire de « jeter au placard ma propre grille de lecture ».

Il m'incite à « littéralement passer outre toute analyse terrestre. »

« Le seul « passeport » ouvrant la porte à « la nouvelle conscience dotée de technologies avancées » est la « neutralité. » » M'explique-t-il.

« « Neutraliser » ses structures de pensée conditionnant une certaine forme de réalité est l'unique moyen d'être « téléchargé » avec les données.

Objectivité-ouverture constituant la clef de ce processus passionnant, amplifiant le champ de compréhension. Ceci, afin d'embrasser un pan plus vaste de notre dimension actuelle. »

Il exprime combien ses patients servirent ou plutôt « firent office » de contact-pont de son être profond avec ces « collaborateurs de l'espace ».

Il insiste pour que je précise que ces « collaborateurs cosmiques » sont des scientifiques.

Tout comme lui, lors de son existence sur Terre.

Ce sont des êtres appelés sur notre planète « ***Gris*** ».

De part le fait que **M.** interagissait avec des experiencers, il fut lui-même mis en lien direct avec ces « *êtres cosmiques* ». Il m'affirme qu'il continue son travail à présent auprès d'eux.

« Qu'un expert clinicien psychiatrique ose l'inconcevable constitua un exemple de taille pour les générations futures. Je posai le premier jalon de ce qui devrait être la « *normalité* » pour la suite. » Me dit-il.

« Mon audace devrait offrir l'exemple aux jeunes spécialistes.

L'audace de préserver son libre arbitre, hors du formatage imposé par les institutions classiques qui sclérosent malgré leur conviction du contraire.

Que la structure académique propose un cadre rassurant et impliquant des lignes de conduite définies est une bonne démarche. Mais ce *squelette* initial d'organisation ne devrait pas se transformer en limitation. Il n'est présent que comme support primal à toute systématique d'apprentissage. Le dépasser, être en mesure d'extrapoler et accroître cette base de données primordiale confère à la science une richesse insoupçonnée et évite la stagnation.

Le frein majeur à cette approche est le manque d'envergure de l'esprit, la vanité, la peur du jugement ou de l'intimidation. »

À ce stade, j'espère transmettre correctement ce que **M.** me dit.

Il continue : « Je suis content que tu prêtes au jeu car j'ai tant appris.

Le monde des ***Gris*** est vaste et tu n'as pas à raconter tout le contenu de ce que je t'envoie. Chacun son travail.

Toi, tu es simplement invitée à expliquer que je t'ai contactée.

Que j'évolue toujours et que l'étude-évolution se poursuit au-delà du passage terrestre.

Annoncer cela en étant encore incarnée apporte un poids indiscutable et aidera toutes les personnes qui expérimentent avec une difficulté certaine ce contact extraterrestre à l'heure actuelle. Il ne faut pas avoir la crainte d'avancer puisque ces informations cosmiques vont s'intensifier. Il vaut mieux préparer la population à ces nouvelles données progressivement, plutôt qu'elle ne soit un jour choquée par la révélation abrupte de cette réalité.

Ne pas camoufler ces interrogations et informations en totale contradiction avec l'organisation terrestre est indispensable.

Si on dispose de connaissances, on se doit de les divulguer lorsqu'on est incarné afin d'aider un maximum de personnes.

Certains pensent pouvoir contenir ces données taboues ou secrètes, mais ce n'est qu'une question de temps pour qu'elles éclatent au grand jour.

En effet, la planète se fait réveiller au compte-gouttes par ces confrontations inhabituelles, mais cela va s'intensifier et se généraliser.

Les experiencers, autrefois seuls, se retrouveront pour partager et cela amplifiera de manière exponentielle l'ouverture de la Conscience.

Ouvrir ce pan est l'accès à un enseignement hautement spécialisé.

Une accélération majeure de la vitesse d'apprentissage garantissant une amélioration fulgurante globale des relations humaines avec leur entourage (nature-planète, toute créature vivante) et avant tout, une transformation radicale des inter- relations humaines.

La Conscience annule toute notion de « bâton dans les roues » que les Terrestres cultivent, car ils ne connaissent que ce mode pour l'instant. Ces interactions improductives et primaires seront obsolètes lorsque baignées dans la Conscience.

La technologie surpassera les superstitions en tous genres et une nouvelle ère verra le jour. Mais cela ne sera pas pour demain car, les Humains sont encore beaucoup trop réticents et bornés dans leurs fonctionnements barbares.

Ils ne sont pas prêts du tout.

C'est pour cela que toute personne disposant d'informations pouvant changer et aider la transformation doit le communiquer.

Tu dois ouvrir la voie et exposer tes propres informations. Montrer une parcelle du chemin qui t'a été transmis. La chaîne ainsi commencée se propagera et touchera de plus en plus d'individus, générant une modification de conscience salutaire pour la race humaine.

Chacun se doit de remplir son rôle et d'apporter sa pierre à l'édifice.

Toi, tu es amenée à simplement retranscrire sans filtrer. »

Le message vient de s'arrêter. La sensation est forte. **M**. dégage une énergie posée et pragmatique. À présent, je vais relire ce qu'il a transmis, parce que je ne sais ce qu'il dicte lorsque je tape sur mon clavier.

15. Message d'*Adel*

Après ces quelques lignes, je suis allée déjeuner. Lorsque je dégustais mon café, j'eus des frissons importants, signe de la présence d'une personne éthérée.

Adel est une femme de ma connaissance, décédée très jeune.

Elle me « tourne autour » depuis plusieurs jours. Apparemment, je suis invitée aujourd'hui à transmettre ses propos.

Elle est impatiente et « parle » à toute allure. Sa sensibilité à fleur de peau est perceptible.

« Tout d'abord, merci à **S**.

Je n'ai pas pu le remercier correctement de mon « vivant terrestre » mais puisque je suis vivante sur un autre plan, je profite de te transmettre à toi, chère amie, mon message pour lui.

S. me proposait une ancre solide pour continuer à évoluer sur la planète Terre et j'ai saisi sa perche tendue avec reconnaissance.

À son contact, j'ai rétabli les liens avec les différentes dimensions que j'avais traversées jusqu'alors. Il m'a fourni un choix de taille et de qualité.

Je pouvais poursuivre mon chemin sur Terre incarnée et en « bon état », grâce à son appui technologique unique, ce qui fut une surprise insoupçonnée.

Il m'a offert une alternative à la mort physique, ce qui était incroyable au vu de ce que les docteurs humains avaient à me proposer. Cela m'a permis de poursuivre mon expérimentation terrestre, afin d'approfondir certains paramètres utiles pour mon évolution.

Sur Terre, l'Univers communiquait avec moi par l'intermédiaire de nombres, de chiffres significatifs qui ont jalonné mon parcours.

Cette organisation basée sur les chiffres continue d'être symboliquement forte de l'autre côté.

Notamment le **33333...**

J'ai, en quelque sorte, décidé de décrocher de **S.** et ses capacités, parce qu'en fait, j'en avais assez du poids matériel. Au contact de **S.** m'a été transmis tout un ensemble d'alternatives de pans de réalités à expérimenter et je choisis un jour de l'arrêt de mon corps.

J'avais apparemment saisi ce que j'étais venue chercher sur cette planète et n'avais plus besoin de m'attarder sous cette forme.

S. a fait le lien et reconnecté mon âme aux multiples pans de mon être et cette reconnexion est ce qui m'était nécessaire.

Je servis également de réveil- matin à mon entourage, cloisonné dans un décor de vie superficiel. Malgré mon environnement de « bulle privilégiée », je gardai de tout temps le contact avec ma profondeur.

Et le contact terrestre, que j'ai pu avoir avec **S.** et toi, m'y ramena.

Ce lien avec l'infini de tout ce qui existe est immuable et vous me faisiez un effet miroir bénéfique. **S.** est percutant, ferme et intransigeant dans ses facultés.

Avec lui à mes côtés, j'aurais navigué encore de nombreuses années sur cette planète, car son amarrage est hors norme. Une poigne de fer pour l'évolution sur Terre.

Toi, tu me faisais office de retour doux qui me ramenait à moi de façon subtile.

Je suis si heureuse de vous avoir côtoyés dans la chair.

Dis à **S.** que son immense efficacité m'aurait permis de

vivre longtemps, mais mon corps physique me pesait trop à la fin. Je voulais expérimenter d'autres choses sur d'autres plans. J'étais fatiguée. J'ai compris son message et j'ai fait un choix.

Arrivée de l'autre côté, ils m'ont dit que mon départ aurait pu être plus tardif et que j'aurais pu écouter **S.** plus longtemps.

Ceci aurait encore effacé certaines peurs et mémoires.

Elles auraient pu être nettoyées sur Terre mais mon choix de m'éloigner de **S.** a simplement repoussé le nettoyage à cet autre niveau.

Ils m'ont expliqué et confirmé les leçons de **S.**

Leçons que j'avais été bornée à ne pas entendre.

Dis-lui qu'à présent cela va mieux. Je progresse. Je me trouve dans un secteur qui me rend l'accès à la Terre fatiguant.

Je suis si contente que tu prennes la peine de me retranscrire.

Je veux participer à ce projet et apporter ma contribution aux Terriens.

Dis-leur de faire attention aux signes.

Dis- leur de regarder les numéros.

Ce qui résonne dans leur cœur, car c'est la signature de leurs guides.

Si tu le peux, dis à mon entourage que je t'ai contactée, car ils ne m'entendent pas et n'ont pas tout saisi de mon départ. Je continuerai de te rendre visite quand cela me sera possible.

Je sais que **S.** n'a pas de temps à perdre et qu'il est un être hautement responsable quant à sa mission. Il n'y a pas plus ferme enseignant. Ils me l'ont dit après.

Mon âme n'était pas prête à aller au bout de l'expérience terrestre.

J'ai lâché avant. Cela aussi m'a tant appris.
Je reviendrai, merci. »

16. Hygiène de vie et règles rudimentaires

Pourquoi ***Adel*** est-elle intervenue hier ? Pourquoi **M.** ? Et pourquoi deux en une journée ?

Probablement pour me faire avancer et m'aider à retraverser certains ressentis que j'ai du mal encore à gérer. En effet, alors que j'ouvre depuis peu la porte à mes contacts hors normes en totale acceptation lors de l'écriture, suis-je confrontée à des recrudescences de sensations que j'avais occultées.

Mes guides tiennent à ce que je note dans ces lignes à nouveau ce que j'expérimente lors de ce processus d'écriture. Ils désirent que mon témoignage soit une aide en particulier pour les médiums qui s'ignorent ou qui jonglent extrêmement difficilement avec leur hypersensibilité. Très bien.

Voici donc la description des étapes par lesquelles je passai hier.

En fin de soirée, je n'avais apparemment pas si extraordinairement bien fermé le « portail cosmique »... Décidément, c'est ma zone fragile à améliorer.

Rappelez-vous, la dernière fois avec ***Jules***, les nausées qui m'attachèrent aux sanitaires ! Pas formidable du tout.

Etant toujours une élève medium en apprentissage, j'avais encore des leçons à parfaire.

Alors que je m'apprêtais à aller dormir, je sentis une espèce d'angoisse sourde et importante pointer son nez. Je n'étais pas très à l'aise. Et j'étais proche d'un état plutôt anxieux. En vérité, je « captais » encore beaucoup trop ce qui se passait sur d'autres niveaux (mémoires de mes contacts de canalisation du jour) et ce n'était pas confortable du tout. J'étais entre « les deux mondes » et cela provoquait des symptômes stressants. Mon cœur se mit à battre la chamade et mon système nerveux se manifesta vivement par des transpirations-frissons. Sensation très désagréable.

Figurez-vous qu'un ange terrestre me fut envoyé à cet instant. Un coup de main de taille à la seconde où j'aurais pu filer dans une forme de panique. Avec un miaulement clairement audible, un superbe chat noir et blanc se présenta devant la vitre de mon balcon (à vingt-trois heures quarante-cinq) et insista lourdement pour que je remarque sa présence. Ce noctambule apaisant ne cessa son tintamarre nocturne et inopiné que quand il obtint ma totale et absolue attention.

Pour vous, cela peut sembler banal et fortuit mais pour moi, cette rencontre imprévue fut un véritable remède du Ciel.

En effet, il n'y a rien de plus rapide et stabilisant que d'être ramenée sur Terre par pareil médiateur. Cette visite féline impromptue constitua mon ascenseur inverse, m'ancrant en une fraction de minute dans « l'ici et maintenant ».

Une ancre merveilleuse et excessivement adéquate.

Je sais que ce thérapeute naturel me fut envoyé, à l'instant crucial où je menaçais de perdre pied, pour m'extraire avec force d'une périlleuse glissade médiumnique.

D'ailleurs, c'est étonnant à reconnaître pour moi qui l'avais oubliée, mais la peur viscérale qui me terrassa abruptement hier soir, je la connais très bien.

Pour tout vous dire, je ne l'avais plus ressentie depuis des décennies.

Apparemment, le fait d'avoir à la retrouver à nouveau sur mon chemin constitue une étape nécessaire. Elle m'offre l'opportunité de grandir et de gagner en maturité.

Me trouver face à elle me pousse à continuer sans relâche d'explorer et d'approfondir à chaque nano seconde qui passe l'équilibre Terre-Ciel, dans la chair.

La théorie est une étape de la compréhension, la pratique pour un hypersensible revêt un apprentissage autrement plus percutant et exigeant. Lorsqu'on est medium clairvoyant-sentant ou autre, la connexion « ciel » est si fluide qu'elle induit une difficulté supplémentaire d'ancrage. Ce qu'un individu extra-sensible perçoit n'est pas toujours- ou devrais-je dire est rarement sous son contrôle et il ne lui est pas possible bien souvent d'arrêter le film qui lui est transmis.

Ce téléchargement d'informations se produit de manière aléatoire et c'est extrêmement perturbant pour qui n'y est pas préparé.

Lorsqu'on est jeune, sans expérience et sans vis-à-vis capable de procurer un mode d'emploi, c'est une galère totale. Voilà, le mot est prononcé. Galère !

Dans mes très jeunes années, « cette panique familière » m'accompagnait en permanence et me valut bien des déboires. Je cherchai par de nombreux biais à mieux vivre et expérimentai de multiples techniques- thérapies afin de résoudre ce problème.

N.B. Je serais à même d'écrire un roman sur ce sujet avec moult épisodes, mais je ne tiens pas vraiment à m'attarder sur cela. Je préfère me concentrer sur l'aspect plus abouti (ou du moins plus juste) de ma compréhension actuelle, plutôt que de développer plus en détails les tâtonnements et soins tronqués que je pus être amenée à tester par ignorance.

En effet, étant donné la « non-connexion » des êtres présentés pour m'aider, ce ne fut que beaucoup plus tard sur mon trajet de routière que je pus enfin trouver la véritable solution à mes difficultés.

Que le « sens » soit remis adéquatement au centre de mon expérience sur Terre.

Quelle chance et quel parcours pour parvenir à boucler cette boucle spécifique correctement !

À présent, je suis à même d'instaurer et d'identifier des règles incontournables pour la gestion harmonieuse de cette sensibilité exacerbée.

Tout d'abord, il est indispensable de travailler sur son quotidien et de s'assurer de cultiver des activités simples, qui nourrissent le corps-esprit avec des stimuli de base. Marcher, bricoler, jardiner, caresser un animal, nager ou cuisiner.

Peu importe, mais toujours être sûr d'avoir les pieds ancrés dans le sol ferme et amarrés dans le concret.

Ceci est **le** point central.

J'insiste sur le côté simple et sain de l'activité car cela calme l'esprit. Une occupation unique détend la tête et permet de se poser, offrant une assise solide.

La deuxième règle est de s'atteler à travailler sur soi afin de mener une vie équilibrée en termes de relations humaines. À savoir, de se « nettoyer » et se remettre en question pour maintenir des interactions humaines constructives et non-dysfonctionnelles. Cela implique de fournir un effort sur le long terme afin de créer une vie incarnée riche en échanges nourrissants.

Cet équilibre évitera aux hypersensibles de s'échapper dans d'autres secteurs de réalités, si celle qu'ils vivent sur la planète ne leur convient pas.

Une tendance à vouloir « décoller » pourrait très

facilement constituer une forme de fuite. Or, il est fondamental de se souvenir que nous sommes ici ***justement*** pour faire une expérience incarnée. C'est l'exercice qu'on est venu peaufiner sur cette « école-terre ».

Lorsque ces précautions centrales sont mises en œuvre et qu'on est bien harnaché sur le tarmac, on peut commencer à s'intéresser à ce qui évolue dans le ciel et regarder voler les avions. Puis, on pourra éventuellement réserver un billet et monter dans l'un de ces engins aéronautiques sans risques.

Pour ma part, je vais mettre en pratique ces principes *illico.*

Mon chamboulement post-transmission de la veille nécessite une digestion adéquate. Aujourd'hui j'ai besoin de rigoler, manger un bon plat mitonné, marcher. Pour ce soir, le programme idéal serait de regarder des histoires drôles sur mon ordinateur. Plus ce sera simple, mieux ce sera ! Une vraie pause.

17. Sens dans les coulisses

Deux notables coïncidences se présentèrent à moi durant ma journée mettant en lumière les liens existant en « coulisses ».

La première se produisit ce matin, alors que je montais les nombreuses marches menant vers mon appartement surplombant la mer. Je fus abordée subrepticement par un homme qui m'interpela de sa voix rauque :

« Salut, trente-trois ! Eh, ...Trente-trois pour toi, si tu achètes cette excursion avec moi. »

33 ? **33** ? Cela ne fait-il pas écho avec ***Adel*** et son **33333...** ?

« **33** » me fait penser à l'âge supposé du Christ à son départ de la Terre.

Me fait-on des blagues ?

Voici l'autre anecdote du matin.

J'entrai dans une petite chapelle pour me poser quelques minutes et demander à mes *« amis »* un coup de pouce en lien avec mes émotions de la veille. En guise de réconfort, je vis sur la banquette sur laquelle je choisis de m'asseoir (par hasard, qui du reste n'existe pas !), un cœur gravé !

Cela me toucha et m'apporta la confirmation que tout allait bien et que, me confronter à mes anciennes frayeurs, était une étape inévitable et fertile.

Ce qui me fait également l'effet d'un « *flashe* » aujourd'hui, est le souvenir du beau chat noir et blanc qui m'aida la veille. Du même pelage que le matou de mon enfance (dont je vous avais raconté l'arrivée sur Terre) et si proche de moi. Son impact rassurant me rappelle que tout est lié dans l'Univers et qu'on me protège en tout temps, afin que je mène ma tâche à bien.

En ce jour pullulent les signes. Lorsqu'ils jalonnent mon parcours de façon concentrée, tel un parcours pisté regorgeant d'indices, cela m'indique que je suis encore mieux guidée-escortée en cette période délicate et qu'il me faut poursuivre sur cette voie malgré son côté intimidant.

Une journée vient de s'écouler et je me sens toute ragaillardie, prête à servir de « transmetteur-récepteur » à nouveau. Je suis centrée et tranquille.

Cela me rappelle qu'il y a un paramètre important dont il faut tenir compte en permanence. Le tempo, le rythme de croisière ! Il est le garant de l'équilibre fondamental.

18. Contact de J.O.

Je réalise que mon processus d'écriture se meut doucement en un apprentissage pur de « lâcher-prise » et de « céder la place ». C'est apparemment le centre de l'exercice car les interventions éthérées se multiplient. Je suis poussée à accepter le principe de ne pas contrôler l'évolution générale des paragraphes.

Ce matin, le ton change car une nouvelle personne aimerait transmettre un message « utile pour ce livre. » (Me dit-elle).

Ce visiteur s'applique pour être clairement entendu.

J.O. insiste pour que j'écrive ces lignes. Il était un experiencer mais il n'évolue plus physiquement sur la Terre. Lorsqu'il se présente à moi, je suis transie et ignorante de ce qui va suivre.

« Ma chère, l'Humanité va devoir « shifter », « switcher ».

Passer le cap et basculer dans un autre paradigme.

De toute façon, ce basculement est inéluctable, malgré les efforts fournis par certains détenant une mainmise. Des personnes influentes qui cherchent, coûte que coûte, à freiner ou stopper ce processus. La mouvance est trop puissante pour être étouffée.

Nombreux sont les individus informés en profondeur qui vont s'éveiller.

L'imprégnation se fait et se poursuivra à une échelle beaucoup plus vaste.

À l'instar d'une vague géante qui recouvre la Terre, les lumières vont se diffuser.

Il est bénéfique pour la Terre que cela augmente, car la direction actuelle n'est pas soutenable sur le long terme.

C'est une voie sans issue que prennent les Humains endormis ou accrochés à leur totale ignorance. Ils se comportent comme des enfants immatures qui ne connaissent pas les dangers qu'ils font encourir à leurs congénères. Ils jouent avec le feu et les êtres hors-terrestres sont amenés à intervenir souvent, afin d'éviter les catastrophes liées aux bêtises humaines.

Les Terriens sont en mutation et il est important de les éduquer, de leur donner les informations. Un mode d'emploi.

Il faut que tu parles à ton tour car tu constitues la nouvelle génération qui ouvre la voie aux suivantes bien plus réceptives et conscientes.

Tu dois assumer ta responsabilité, car elle fera avancer.

Ta contribution à travers ta souffrance. Qu'elle porte ses fruits à son tour.

Pierre de transmutation de la conscience.

Détache-toi du regard humain sinon cela bloque la transmission et je suis avide de communiquer.

Télévision. Diffusion. Transmission. Information.

Explique ce que tu sais, ce que tu as vécu pour que d'autres puissent se reconnaître dans tes récits et soient aidés à leur tour.

Contacts et échanges entre experiencers, nombreux, nombreux, nombreux.

N'aie pas peur du jugement. Transmets. C'est important.

Je suis content de passer par toi car j'ai une soif de partager. J'ai voulu diffuser, mais les freins humains ont fait barrage. Barrage. Une limite fut posée. Mais elle est temporaire.

Poreux. C'est poreux. Les informations passent quand même à une échelle micro- cosmique. En arrière-plan, mais sûrement. Une porosité qui ne pourra être arrêtée.

S'il-te-plaît, fais-moi confiance lorsque je te confirme l'importance du contenu de ton ouvrage. Tu sers un objectif plus grand que toi-même.

N'aie pas peur de mettre en avant ces dires.

C'est crucial. Une croix. Un croisement. L'humanité est à un carrefour.

Un changement radical est proposé à quiconque ouvre la porte.

Que les Humains se réveillent et modifient leur conscience. C'est le moment.

La potentialité d'évolution est immense. Une nouvelle ère.

C'est nécessaire pour la sauvegarde de cette planète extraordinaire.

Transmutation générale des générations avec, à la clef, une harmonie nouvelle. »

Je viens d'être interrompue par un coup de téléphone.

Fin de la transmission.

J.O. ajoute simplement : « Pose-toi juste maintenant. »

À présent je suis gelée et je vais relire ces phrases pour d'une part, en découvrir la teneur et d'autre part, corriger l'ordre des syllabes. En effet, j'ai remarqué que, lorsque je canalise, les lettres se placent de façon hasardeuse et les syllabes s'inversent très souvent.

C'est étrange. Un « as » devient un « sa », par exemple.

Après avoir bénéficié d'une pause salutaire offerte par un repas de midi savoureux mon esprit s'est clarifié et j'ai réalisé que ***J.O.*** m'a donné, sans que ne je m'en sois rendue compte dans un premier temps, quelques instructions-si je puis le formuler ainsi.

En effet, il m'encouragea vivement à m'attarder sur l'impact qu'eut en profondeur sur moi la mise-remise en contact terrienne avec **S**.

19. Reconnexion

Effectivement. Cette reconnexion terrienne constitue la pierre angulaire du processus de réparation et de réorganisation, par lequel je passai et qui transforma ma Vie.

Voici ce que cette rencontre centrale dans mon parcours général.

Rappelez-vous le contexte précédemment décrit sous forme imagée :

L'***élève*** se promenait sur Terre (avant ses retrouvailles avec **S.**) imprégnée de deux cultures (exemple France-Amazonie). En vérité, ces deux pôles étaient pour moi « l'Europe et hors- terrestre » (à quatre-cinquième refoulé dans l'inconscient, car intraitable dans notre réalité classique).

Imaginez deux cultures avec des caractéristiques, ambiances et langues distinctes.

L'Europe : langage parlé, codes de conduites terrestres, valeurs précises et conditionnelles.

Hors-terrestre : télépathie, aucun besoin de parler. On sait instantanément sans avoir à réfléchir ou penser. C'est une communication instantanée et accessible à tous. Ouverte. Echange ultra-fluide en totale conscience, sans la moindre barrière. Amour-bienveillance inconditionnels. Ambiance impossible à décrire en mots, un bien-être absolu. Forme de totale confiance découlant de cette conscience Supérieure.

N.B. Je conçois que ces phrases puissent paraître décousues ou écrites en japonais (!!!).

Il est si difficile d'expliquer en termes humains ce que regroupe cet « *endroit* » – « *densité* » – « *population* »... Le langage terrestre est si limité pour décrire cette Conscience, que le rendu écrit me frustre un peu.

Maintenant imaginez que vous passez une partie de votre vie terrestre à vous convaincre, puisque tout le monde définit la réalité ainsi, que seule l'Europe existe.

Dans votre inconscient est imprégnée également l'autre réalité *hors-terrestre*, que vous avez décidé de rejeter en bloc, car ce registre d'informations sort de la « boîte » cartographiée et validée par les institutions humaines.

Et vous ne savez qu'en faire...

Malgré sa richesse et la sensation ultra-réconfortante qu'elle procure, cette réalité annexe gêne, car elle ne peut être partagée sur Terre. En effet, la seule mention de ce sujet pourrait attirer les moqueries les plus franches et coller une étiquette désobligeante sur son auteur.

Jugement foncièrement erroné.

Bref, mais la Vie est surprenante. Vous le savez tous.

Représentez-vous, la situations suivante.

L'élève naviguait en permanence dans une culture pure « Europe » jusqu'au jour où la Vie manifesta sa grandeur à une échelle imprévisible et ***cette routière*** rencontra finalement sur Terre, contre toute attente, une personne auprès de laquelle elle retrouva toutes les sensations *hors-terrestres.*

Tout ce qu'elle avait expérimenté sur le plan astral depuis l'enfance était à présent en train de prendre place dans le monde physique.

Pas besoin de parler pour être compris, la communication s'opérant sur un mode subtil et instantané. L'énergie dégagée par ce vis-à-vis terrestre inattendu faisait parfaitement écho aux mémoires *hors-terrestres* incrustées dans son inconscient.

Un ressenti extrêmement fort, une évidence.

Vous savez que vous partagez les mêmes références.
Des « bases » identiques de compréhension que les autres Humains semblent ignorer ou avoir oublié...
Je peux vous assurer que cela fait l'effet d'une bombe atomique, un électrochoc magistral provoquant une décompression énorme et un soulagement indescriptible. Enfin.

Ce contact dans la chair, dans le monde palpable, physique (sans être endormie et sans fièvre!) créa instantanément une espèce de branchement en profondeur.
Toutes les pièces étaient désormais en présence et elles trouvèrent spontanément leur place.
Les « réalités », anciennement séparées, se superposèrent ou se complétèrent enfin pour ne former qu'une seule réalité compacte.

Une Réalité regroupant l'ensemble des connaissances acquises dans ces mondes. Le système binaire périmé pouvait disparaître. Il n'y avait plus lieu de sélectionner l'une ou l'autre des informations, puisqu'elles étaient enfin réunies formant un tissu global de données extrêmement riche et significatif.
Le morcellement interne ancien s'évapora pour laisser la place à une intégration mature de l'ensemble de ces compréhensions d'une importance indéniable.

Rencontrer **S.** a représenté la confirmation absolue que tout ce que j'avais stocké et censuré strictement dans mon inconscient était réel. Ce n'était pas le fruit d'une imagination débordante mais un contenu issu d'une expérience vécue.
Ce contact a fait basculé toute ma vision et perception à cent quatre-vingt degrés.

Au lieu de me malmener continuellement en jugeant ma différence, je me mis à l'accepter.

Accepter les informations, accepter de ne pas être comprise et accepter cette forme de responsabilité. Cette reconnexion terrienne avec un être identique me permit enfin de me sentir entière, en phase avec moi-même.

Les connaissances inhabituelles, au lieu d'être une tare, se transformèrent en une formidable source d'évolution et de croissance. Un terrain fertile ouvrant la porte à une vision plus vaste.

20. Parasites énergétiques

J'aimerais revenir sur l'un des points importants à suivre sur Terre, dont la femme sage avait souligné l'importance. Celui de ***Monter***.

Il va sans dire que le monde subtil est vaste.
Dans ce domaine, il y a comme dans le monde physique, des éléments bons et d'autres franchement moins sympathiques.
Pourquoi tant insister sur la notion de « *monter* » ou d'emprunter un « *Vortex Ascendant* » - spirale tendant vers le haut ?

Parce qu'il y a autour de nous toutes sortes d'énergies dont les gens ne sont pas conscients. Or, certaines sont superbement agréables, d'autres nettement plus nocives.

Vous est-il déjà arrivé de vous rendre dans un lieu qui vous mettait mal à l'aise sans que vous ne puissiez identifier ce qui vous gênait ?
De sortir d'une discussion complètement exténué ?
Ou encore de ressentir des douleurs bizarres apparaissant soudainement, excessivement invalidantes, qui n'ont pas de cause mécanique ou organique ?
Toutes ces manifestations sont d'ordre énergétique et passent en général inaperçues.

L'explication est la suivante.
Lorsque nous sommes en pleine forme, que la joie de vivre imprègne nos cellules et que nos pensées tendent vers le positif, le champ énergétique autour de nous est large constituant un bouclier de protection efficace. Les énergies basses trainant dans les environs sont repoussées par ce pare-feu.

Le vortex ascendant attire le positif et l'amplifie.

Au contraire, lorsque nous sommes affaiblis physiquement, que nous traversons des difficultés, que nous nous obstinons à nous concentrer sur ce qui est négatif et que le moral est en berne, notre champ naturel énergétique diminue.

De ce fait, des « *failles* » ou « *trous* » peuvent apparaître dans notre rempart naturel (sur le plan subtil) permettant l'entrée à des énergies parasites.

Ces dernières sont comparables à de la poussière imprégnant des lieux ou venant s'incruster dans les différents niveaux de l'énergie d'une personne. Cet agglomérat néfaste peut générer toutes sortes de symptômes (par exemple des sensations d'oppression, de la toux intempestive, des douleurs éclairs paroxystiques, des resserrements violents de la gorge, des angoisses ou états dépressifs aigus, etc..).

Je précise que ces manifestations peuvent mimer un problème organique, psychique ou autre et que, seul un examen médical approfondi permettra de faire un diagnostic différentiel. Si les tests ne sont pas en mesure d'objectiver une quelconque pathologie, il s'agit vraisemblablement d'une problématique située sur un niveau autre que ce dont s'occupe la médecine conventionnelle.

Lorsque les symptômes persistent et que les professionnels se grattent la tête, il est bon de savoir qu'il s'agit de « *miasmes énergétiques* », cette fameuse poussière.

Hum, je ne désire pas vous incommoder ou vous faire éternuer, mais visualisez l'essentiel. Tout ce qui tend vers le bas rend plus vulnérable et attire des éléments de vibration similaire. Cela ne signifie pas qu'on aura forcément le genre de désagrément évoqué précédemment, mais le bouclier énergétique sera certainement plus poreux et fragile.

Donc je vous conseille, tout comme la merveilleuse séniore (qui me parla lorsque je soignais ses doigts, rappelez-vous) de « *monter* » et de tendre vers la lumière le plus possible. Et ceci, malgré les épreuves, aussi contraignantes soient-elles.

21. Poussières

Je vous ai parlé précédemment de « *poussière* », terme englobant toutes sortes d'énergies parasites. Il se trouve que cette notion est inconnue pour nombre de personnes et elle peut paraître si incongrue pour d'autres, qu'elle est balayée d'une main.

Il est utile ici de se rappeler que, depuis la nuit des temps, les prêtres ont eu pour mission d'apporter une aide spirituelle à quiconque en faisait la demande. L'exorcisme est d'ailleurs un acte documenté qui consiste à « expulser une entité spirituelle nocive ». Ce concept est certes inhabituel mais, puisqu'il est pratiqué dans un contexte religieux, il a trouvé sa place dans les mœurs et ne choque pas plus que cela.

Si nous devions extrapoler, nous pourrions considérer parfaitement plausible que d'autres formes d'énergies (et non pas uniquement des « démons ») puissent cohabiter avec les humains et provoquer un impact sur eux.

Cela peut être positif, par exemple ce qu'on peut ressentir dans la nature ou au contact d'un animal.

Mais cela peut être également désagréable.

En voici une illustration.

Une collègue habitait depuis quatre mois dans un nouvel appartement avec son conjoint et avait commencé à rencontrer de sérieux problèmes matrimoniaux. Cette jeune femme était en couple depuis dix ans et, avant cet emménagement, son idylle battait son plein.

Perturbée par cette difficulté inattendue, elle s'était confiée à une voisine concernant le mal-être et la tension qu'elle ressentait en permanence lorsqu'elle rentrait chez elle.

Son interlocutrice, vivant depuis trente ans dans cette bâtisse, lui expliqua qu'elle avait remarqué que nombre de couples se désagrégeaient dès leur arrivée dans cet immeuble.

Si bien que les gens ne restaient que très peu de temps. La séniore vivait seule et ne semblait pas incommodée outre mesure par ce qui poussait tant de gens à partir.

Interpellée, ma jeune collègue entama des recherches sur l'histoire du bâtiment. Ce dernier avait été construit sur un ancien cimetière.

Rationnelle, mais consciente qu'un élément singulier interférait avec son harmonie de vie, elle fit le lien avec ces fondations basées sur un ossuaire.

Malgré sa méconnaissance de ce domaine, elle conclut que de « mauvaises ondes » imprégnaient les murs et l'ensemble de la construction. L'impact nuisible de ce qui était invisible à ses yeux était tel qu'elle décida de quitter les lieux. Une fois installé dans son nouveau nid, son couple retrouva son harmonie d'antan.

Ma collègue m'affirma qu'avant d'avoir expérimenté une situation aussi clairement *horsnorme*, elle n'aurait jamais pris au sérieux toute mention de « mémoires énergétiques » pouvant influer sur les humeurs et le bien-être des gens.

Malgré son incompréhension totale du sujet, elle fut un témoin direct de la portée de telles « poussières ». Malheureusement, cette jeune personne ne savait que faire de tout cela et n'avait pas la moindre idée que des spécialistes étaient habilités à nettoyer ce genre de « *miasmes spirituels* ». Cette méconnaissance l'obligea à choisir l'unique option dont elle disposait, celle de déménager.

Cet exemple illustre l'incidence d'influences impalpables sur l'entourage et suffisamment présentes pour déranger son harmonie.

Ces « *parasites* » peuvent grandement nuire aux Humains et à leur santé, sans que les professionnels médicaux ne s'en doutent.

Cette information peut vous paraître inacceptable et inconcevable, mais il serait extrêmement utile de préserver un regard ouvert concernant cette éventualité.

En effet, il arrive souvent que le corps médical soit confronté à des questionnements, des manifestations physiques qui n'entrent pas dans la logique du protocole classique, des symptômes ne répondant pas du tout au traitement alors qu'il fonctionne pour d'autres patients, des douleurs invalidantes incompréhensibles et non objectivables par les examens, etc..

Lorsque le « casse-tête » fait son apparition, que tout a été mis en œuvre sans succès et qu'aucune explication rationnelle n'est envisageable, il serait bon d'ouvrir une autre porte. Il n'y a rien à perdre à élargir le spectre de vision et tout à gagner.

Au lieu de verrouiller son esprit dans un secteur unique et pragmatique, ce qui a pour conséquence de cloisonner le pauvre patient dans une impasse, pourquoi ne pas avoir l'infinie humilité d'être réceptif à un autre angle de vue ?

À condition, bien évidemment d'avoir des vis-à-vis qui tiennent la route.

Il arrive que des personnes vulnérables dont le champ énergétique est ratatiné suite à une série d'épreuves soient affectés par ce type de parasites énergétiques. Ces derniers profitent de leur faiblesse et pénètrent par les failles pour se coller sur eux et vampiriser davantage leurs réserves énergétiques.

On pourrait comparer cela à l'image d'un personnage qui tomberait malencontreusement dans un étang. Il en ressortirait trempé avec toute une collection d'algues et de vase colmatés sur sa tête et ses vêtements.

Il faudrait, pour remettre à cent pour cent d'aplomb cet acrobate du dimanche, le réchauffer, le sécher mais, surtout nettoyer avec fougue ces matières visqueuses encombrantes.

Or comment s'occuper de l'essentiel du problème, si les parasites en question passent à la trappe, parce que non visibles ?

La réponse est que le personnage sera vaguement mieux, mais qu'il poursuivra sa route avec des espèces de calamars spirituels accrochés à ses baskets, qui continueront à le déranger et lui voiler la vue.

Afin de résoudre cette problématique spécifique, il faut s'adresser à un professionnel capable de distinguer ces éléments perturbateurs et surtout de les enlever.

Ceci constitue le travail des éboueurs spirituels.

Ces derniers ne remplacent pas les médecins, ils apportent simplement leur contribution sur un niveau manquant.

Si nous pouvions familiariser les gens au sujet de ce genre de paramètres et en particulier les personnes impliquées dans les métiers de relation d'aide (aides-soignants, infirmiers, médecins), cela ajouterait une dimension supplémentaire de compréhension pour répondre aux souffrances des patients.

Il est probable qu'un « *dépoussiérage* » permettrait à certains individus manifestant une violence ponctuelle et inhabituelle d'éviter la prise de médicaments destinés à les calmer. Je ne parle pas ici de patients souffrant de véritables pathologies psychiques, mais de personnes sans antécédents psychiatriques qui, soudainement, se comportent bizarrement. À l'instar de certains témoignages de gens ayant fait du mal à autrui et qui n'en gardent qu'un souvenir vague. Aussi « tiré par les cheveux » et étrange que cela puisse paraître, cela peut, dans certains cas, être le résultat d'un parasitage néfaste spirituel.

Oui, on peut sembler nager dans de la forme de science fiction pure… Mais n'oublions pas que la fiction est souvent inspirée de faits réels.

Je conçois que cela dépasse largement nos sphères habituelles de pensée, mais cela mérite tout de même que l'on se penche sur la question. Ceci pour le plus grand Bien des souffrants.

22. Nettoyage spirituel

Décidément, cette écriture me réserve des surprises.

En effet, au gré des jours, me sont proposées des expérimentations que mes guides m'invitent à communiquer. Ils désirent que je poursuive la description d'un contenu – disent-ils – « utile pour les générations futures et pour l'évolution de tous. »

Ainsi ce matin, je suis invitée, par l'intermédiaire de **S.**, à découvrir plus en détails le contenu caché derrière une porte non familière pour moi. En effet, le programme du jour concerne un cours approfondi sur le nettoyage spirituel, à savoir le travail effectué pour déloger toute poussière néfaste. Cette purification s'adresse à des gens ou à des lieux.

L'expérience s'effectue dans un endroit banal.

Il faut préciser qu'un « *nettoyage de printemps cosmique* » peut être effectué avec divers outils. Celui choisi pour la démonstration est une prière puissante énoncée en latin par un prêtre, enregistrée sur l'ordinateur. La mise en marche est actionnée.

On m'invite simplement à observer et transmettre ce que je vois. Le processus commence.

Après quelques secondes, une agitation se faire sentir. Je perçois un mouvement ou activation derrière mon dos, sur mon canapé, dans les murs. « Quelque chose » est visiblement secoué par ces phrases prononcées distinctement en latin.

La vibration générée par cette lecture spirituelle change drastiquement l'énergie dans la pièce. Mes oreilles se bouchent (signe d'une montée en altitude fréquentielle) et la lumière ambiante s'intensifie radicalement.

Plus cette belle vibration s'intensifie, plus sont révélés les éléments obscurs. Ces derniers sont comparables à des formes de vie noires ou grises qui se mettent à grouiller autour de moi, cherchant à mordre ou du moins, à manifester leur mécontentement de façon très agressive. C'est franchement désagréable. En fait, non je minimise. C'est horripilant, gluant, laid et dégoûtant. Pour tout vous dire, j'ai une furieuse envie de prendre mes jambes à mon cou et de quitter l'expérience sur-le-champ.

Mes guides insistent pour que je reste sur place et confronte cette réalité afin d'être en mesure de la décrire. De ce fait, consciente du bien-fondé de leur argument, je les écoute avec humilité et je poursuivis.

Le côté exceptionnel de l'expérience est d'assister à l'apparition merveilleuse d'une force venant nettoyer cette « *souillure* ». Ce qui « descend » du Ciel est proportionnellement lumineux et magnifique.

À ce sujet, je m'aperçois que j'ai omis de vous fournir quelques détails concernant les premières secondes du processus.

Dès le début de la prière, je vis un cercle blanc éclatant se former au-dessus de nous. Puis apparut au milieu du salon un canal large et scintillant reliant le haut et le bas. Ensuite arrivèrent des anges très grands, de véritables guerriers lumineux. Leur puissance ainsi que leur intimidante et majestueuse présence m'emplit de l'assurance que je ne risquais rien. – que les entités du bas astral seraient maintenues à distance de moi. – que ces combattants professionnels spirituels allaient faire leur travail en me protégeant par la même occasion.

Je reprends la description.

Ce que je vois n'est pas très joli. J'assiste à une guerre spirituelle. Les forces du Bien contre les forces du Mal. Non, ce n'est pas un mythe, je vous l'assure. Cela existe. C'est une réalité.

La bataille est sans mercis. – Mes visions sont d'ailleurs assez terribles. – En effet, je vois les anges, ***l'Archange Mickael*** (il m'a donné son nom) qui décapite ses opposants. Je suis horrifiée par la violence des combats, les épées frappant ça et là.

Plus la bataille avance, plus j'ai du mal à respirer. J'ai mal au plexus solaire et je ressens une oppression majeure au niveau de la poitrine et de la gorge. Je ne sais pas si je vais tomber en hypoxie ou vomir devant ce spectacle insoutenable.

Le puits de lumière semble s'élargir au fur et à mesure de la prière, me donnant l'impression d'être baignée complètement dans un nuage blanc immaculé et protecteur. Ensuite, j'ai l'immense surprise de discerner une véritable cavalerie céleste sortir de la lumière pour poursuivre la purification. Je vois clairement les armures blanches et brillantes, ainsi que les montures ! Une véritable cavalerie céleste d'une puissance indescriptible ! Incroyable. La vibration s'élève en un *crescendo* irrépressible.

Plus la lumière gagne en intensité, plus son opposant sombre s'énerve, générant un véritable jeu de ping-pong spirituel.

Je n'ai jamais expérimenté une énergie guerrière pareille. La prière fait office de générateur cosmique surpuissant, avec lequel on ne plaisante pas. Je réalise que je me trouve sur un terrain sérieux où nul amateur ne devrait s'aventurer sous peine d'y laisser de grosses plumes voire sa vie.

C'est un registre que je ne connaissais pas et qui me fait prendre conscience de l'enjeu crucial de ces affrontements.

Quelle leçon.

En fin de prière, tout le rouge vif et noir s'effrite, ou plutôt, s'étiole littéralement laissant la place absolue au blanc immaculé et brillant. Le canal se referme.

Abasourdie, je regarde **S.** : « Mais, quand tu m'annonces appeler la cavalerie, c'est vraiment le cas ! Je croyais que c'était une image. Que tu blaguais ! Mais j'ai vu des armures, des chevaux ! Oui, des chevaux. Jusqu'alors, je ne savais pas que cela existait et que cela se produisait ainsi. »

S. répond : « Cela ne t'a pas trop secouée ? Comment ça va ? »

« Cela fait mal physiquement. Cela coupe le souffle et c'est franchement moche. Les cavaliers découpaient leurs opposants en morceaux. Aïe, j'ai appris plein de choses. Mais la vibration nécessaire pour venir à bout d'un tel marasme sombre est phénoménale ! C'est décapant. C'est le cas de le dire ! » Ajoutai-je, grelottante.

Comme je vous l'ai déjà expliqué, lorsque l'énergie pulse à des niveaux supérieurs, on a la sensation d'évoluer dans un congélateur. Après de telles expériences, il faut du temps pour se réchauffer !

Je ne porterai jamais plus le même regard sur ce qui m'entoure après avoir assisté à pareille bataille. Ma compréhension est changée à jamais.

Après avoir ressenti dans mon corps l'impact de tels affrontements, alors que je ne tenais que le rôle d'observatrice, je ne peux imaginer la souffrance physique engendrée par ces combats cosmiques chez le « purificateur » lui-même.

Décidément, cette tâche est réservée à une élite, aux combattants-nés.

23. Parenthèse-bulle

Aujourd'hui une parenthèse-bulle m'est offerte.

Je m'efforce d'être la plus authentique et spontanée que possible dans mon écriture, en vous narrant les « visites surprises » que j'expérimente.

J'ai connu un profond moment de doute ce matin.

Je me suis questionnée sur le contenu de mon ouvrage et je réalisai que nombre de personnes ne comprendront rien de rien à ce que je raconte. Mes craintes anciennes rejaillirent avec force par rapport au jugement qu'on pourrait me porter suite à la lecture de ces propos. Il est évident qu'un fossé sépare ma compréhension du monde de celle de la majorité des gens.

Je me demandai s'il était si judicieux que cela de diffuser ces phrases difficiles à saisir pour la plupart des Humains et s'il ne valait pas mieux rester en retrait. Et ainsi suivre le vieil adage : pour vivre bien, vivons cachés ! »

Que les choses soient claires. Libérer et exprimer ouvertement pour la première fois ce que je sais est magnifique. J'ai enfin l'impression de respirer. En parallèle, je ne suis pas hermétique à la réaction que mes mots pourraient provoquer. En toute honnêteté, cela me traverse l'esprit assez régulièrement.

Mais, aujourd'hui c'est Noël. Oui, c'est vraiment Noël. Le vingt-cinq décembre.

En ce jour mémorable m'a été donné le plus radieux des cadeaux.

Voici la surprise qu'on m'a réservée.

Comme à l'accoutumée, j'allai m'asseoir devant mon ordinateur. Je me suis centrée et rendue disponible pour être en mesure d'écrire ce qu'on allait me transmettre concernant la suite du livre malgré mes hésitations intérieures du jour et ma peur d'assumer ces informations.

...Comment dire ? Le monde invisible veille sur nous, les Amis. Je vous le répète.

Je ne suis pas la seule à être accompagnée, vous l'êtes tous. Mais certains d'entre vous l'ont juste oublié. Un soutien personnalisé existe pour chacun afin de persévérer dans sa *montée.*

Je fermai les yeux brièvement avant de poser mes doigts sur le clavier. Soudain, une lumière très vive m'entoura et je perçus une belle silhouette blanche. ***Sainte Marie*** me fit face. Elle m'honora de sa présence et j'éclatai littéralement en sanglots tant sa beauté m'emplit d'Amour.

Comment décrire par des mots ? Son rayonnement d'Amour absolu et extrêmement doux m'enveloppa dans une bulle extraordinaire rose pâle, blanc limpide, translucide.

Puis j'entendis : « Ma chère enfant. Ma chère enfant. »

Ce n'est pas tant les mots qui importaient, mais l'énergie. Tout était là. Toutes les confirmations dont j'avais besoin à ce moment précis, me furent données par ***Marie***. Une bénédiction indescriptible et une réassurance qui dépasse tout.

Sainte Marie me dit : » Tout va bien. Regarde. »

Sa silhouette s'écarta et j'aperçus derrière elle tout d'abord ma grand-mère (partie sur l'autre plan depuis très longtemps). Cette dernière avait toujours été proche de cette majestueuse Sainte de son vivant terrestre.

Et mon aïeule me dit : « On est tous avec toi. »

À cet instant je vis qu'il y avait un monde fou autour de ma grand-maman. Une foule de personnes était réunie pour moi et semblait tellement heureuse de venir me voir. J'ai réalisé que mon grand-père paternel se trouvait aussi là ainsi que des tantes, des oncles et d'autres membres de ma famille. Ils avaient un message commun à me transmettre et voici ce qu'ils formulèrent : « Nous sommes avec toi. Tu es notre voix. Tu es notre voix.

Peu d'âmes ont la capacité de créer ce pont.

Tu te crois faible et fragile. Tu as peur d'être à nouveau jugée.

Mais ton âme est grande. Très grande.

Il faut beaucoup de force pour accomplir cette tâche.

Tu es une des rares à pouvoir remplir ce rôle. Il est primordial que tu transmettes.

Tu as une faculté plus grande que les autres à pouvoir gérer, toute en étant incarnée, ces connaissances. Alors, tu es notre voix.

Cela les aidera. Les gens ont besoin de savoir. Fais-le sans crainte, car c'est ***Juste***. »

Je fus si touchée par ces messages, que je me remis à pleurer de soulagement. Ma grand-maman vint vers moi et m'entoura de ses bras en exprimant : « Tout va bien. »

Cela peut paraître bizarre, mais lorsque des défunts se présentent, ils font en sorte que vous puissiez les reconnaître sans confusion. Or, de son vivant terrestre, ma grand-maman avait un menton qui piquait. Lorsqu'elle m'embrassait enfant, je percevais ces petits picots et son odeur personnelle inoubliable.

Figurez-vous que son parfum reconnaissable parvint à mes narines spontanément et son visage, lorsqu'elle s'approcha de moi pour me tranquilliser, me fit l'effet d'un doux rappel de mon enfance. Sa peau continuait de me chatouiller, même sur le plan éthéré ! Il s'agissait d'elle !

Puis, mon adorable grand-mère changea de ton et commença à faire le pitre.

Je vous le transmets exactement comme cela s'est produit. Ma grand-maman a commencé à reproduire les mimiques qu'elle faisait pour provoquer les rires de mon frère et moi lorsque nous étions petits. Ceci eut pour impact de me rafraîchir la mémoire et de me rappeler combien elle était-est drôle.

Mais également de mettre en évidence l'humour du monde spirituel ! Oui, il est empli de Légèreté et d'Humour. Ils adorent rire !

Je vous assure que ses facéties suscitèrent une joie absolument merveilleuse.

Je reconnus ma chère grand-mère à cent pour cent !

Puis ce fut le moment pour mes visiteurs de prendre congé. Nous avions partagé ce qui avait besoin de l'être en ce jour béni. Tout était fluide et j'avais l'impression que tout le monde m'avait gratifiée d'une embrassade chaleureuse.

Ensuite, la lumière s'atténua, ***Sainte Marie*** et mes proches retournèrent sur leurs niveaux de densité respectifs.

Je me sentais si apaisée, confortée. J'avais la sensation physique d'avoir partagé une accolade géante avec une centaine de personnes ! Quel cadeau. Quel honneur. Quelle gratitude.

Transmettre. C'est tout et c'est Juste.

Quelle confiance m'est octroyée.

Je désire ardemment me montrer digne d'un tel soutien.

24. NDE ou Near Death Experience - Expérience de Mort Imminente

Connaissez-vous cette notion de « **NDE** » ?

Il existe de nombreux ouvrages traitant de ce vaste sujet qui est heureusement devenu nettement moins tabou. Ceci est une avancée notable pour la population terrienne qui s'offre ainsi la possibilité de considérer ce « passage » étiqueté « la mort » sous un angle différent. En effet, les témoignages de gens ayant fait cette expérience (très individuelle), relatent avoir ressenti pour la majorité une sensation d'Amour inconditionnel indescriptible en « *termes humains* » qui a effacé totalement chez certains « expérimentateurs » la peur de mourir.

J'aborde ce thème ici, parce que j'ai été au contact d'une multitude de gens ayant expérimenté ce genre d'événement-transformateur. Une part de moi semblait extrêmement familière avec ce domaine.

En lien avec ma sensibilité atypique ?

Suite à ma pneumonie ?

Peu importe : je semblais attirer comme un aimant les personnes ayant vécu des situations particulières, dont la langue se déliait avec aise en ma présence.

L'une de mes connaissances, une personne âgée de quatre-vingt ans, avait fait à l'âge de cinquante ans, lors d'une intervention banale, un arrêt cardiaque sur la table d'opération. Son médecin parvint à la ramener « *in extremis* » après quelques minutes d'acharnement.

Cette dame avait fait une expérience inhabituelle durant ce temps d'absence qu'elle voulut partager à son réveil avec le docteur. Malheureusement, celui-ci ne l'écouta que d'une oreille et balaya son discours d'un : « C'est le manque d'oxygène combiné aux médicaments qui a désorganisé vos perceptions. »

Durant trente-six ans, cette personne garda pour elle les informations qu'elle avait cueillies pendant son **NDE**.

Un jour, au détour d'une conversation, cette dame âgée me confia qu'elle n'avait aucune crainte de la mort.

Ayant rencontré beaucoup d'individus réticents à l'idée d'évoquer ce sujet, ma curiosité fut piquée au vif et je la questionnai : « Tiens, vous ne semblez pas avoir de problème à aborder ce thème, c'est assez rare. Comment vous est venue cette sérénité ? Est-ce une idée que vous avez apprivoisée au fil des ans ? »

Légèrement empruntée et hésitante, mon interlocutrice répondit : « Non, vous allez me trouver bizarre, mais cela est apparu après une opération durant laquelle je suis partie un moment. »

« Partie ? Comment ça ? » Demandai- je intéressée.

« C'est bizarre. Mon cœur a lâché et j'ai vu tout blanc. Le docteur a dit que j'avais eu des hallucinations à cause des médicaments qu'il a dû m'injecter pour me ramener. Je vous jure que c'était étrange. » Continua-t-elle extrêmement réservée.

« Indépendamment de la manière dont le spécialiste médical a qualifié votre histoire, vous, qu'avez-vous vécu ? Si j'ose vous demander. » Poursuivis-je.

Réalisant que je ne la regardais pas avec des yeux globuleux et incrédules, la femme me dit :

« Bon, c'est devenu tout blanc. Blanc. Lumineux, mais pas aveuglant. Et je me suis sentie bien, tellement bien. C'était du tonnerre ! Je n'avais plus mal nulle part et c'était si beau.

Et vous savez, j'ai vu ma sœur et ma mère décédées. Elles avaient l'air contentes de me voir et m'entouraient. C'était sympa.

C'est bizarre, parce que ma maman n'a pas été gentille avec moi et ma sœur ne semblait pas m'aimer du tout dans la Vie ici. Mais dans cette lumière, elles et moi étions bien.

C'était confortable et je sentais de l'amour. Franchement, je suis revenue différente. Je n'ai pas peur du tout de mourir, parce que cela continue après et c'est juste du tonnerre !

Lorsque je vois que les Humains se comportent méchamment les uns avec les autres et qu'ils n'écoutent pas leur cœur du tout, j'ai envie de leur raconter ce que j'ai vécu.

Parce que moi, cela m'a changée à l'intérieur et je sais qu'au fond nous devrions nous traiter avec bonté. Il serait idéal de propager la bienveillance envers tous sans différence aucune.

J'ai du mal à supporter la manière dont certains négligent les animaux ou la nature.

Je sais que tout est lié dans la Vie. Tout est en lien avec tout. Mais les gens ne le savent plus.

D'ailleurs, je fais office d'extraterrestre dans ma façon de concevoir la Vie depuis ce drôle de « *voyage* ». J'ai supprimé toutes sortes de futilités dès lors, car j'ai réalisé combien notre temps à disposition sur Terre est court en définitive.

Il est judicieux d'en profiter au maximum car c'est un don extraordinaire.

Oh, c'est la première fois que je parle de cette histoire à quelqu'un depuis le jour de mon réveil.

Le docteur m'a fait comprendre que je divaguais à l'époque et je n'ai jamais osé en piper mot jusqu'à cet instant avec vous.

Vous devez me prendre pour une folle, n'est-ce pas ?

Je suis bête ! La vieillesse me joue des tours, non ? » Conclut- elle soudainement mal à l'aise.

« Pas le moins du monde, ma chère. Je vous remercie pour votre confiance car c'est prendre un risque que de vous dévoiler ainsi. Je suis enchantée que vous puissiez enfin partager votre expérience, car c'est un cadeau qu'on vous a proposé. Vous avez simplement eu la chance de vivre une espèce de retour momentané aux sources afin que vous vous rappeliez ce que la plupart des Humains ont oublié sur Terre.

On vous a en quelque sorte rafraîchi la mémoire pour vous aider à garder la force dans la suite de votre parcours.

Je confirme que vous ne pouvez absolument pas parler de cela avec quelqu'un qui ne connaît pas ce genre de phénomène. Vous seriez probablement terriblement jugée et ce serait dommage de vous exposer à des critiques infertiles.

C'est une opportunité unique que d'avoir pu retrouver l'***Essentiel***.

L'Amour inconditionnel qui ne fait pas de différence.

De plus, grâce à votre vécu particulier, vous avez la possibilité d'aider les gens à regarder ce « passage incontournable » sans crainte. C'est important de transmettre cela. » Dis- je, reconnaissante d'avoir pu l'écouter.

Le visage de la séniore s'irradia d'un sourire complice et elle ajouta en riant sous cape :

« Dites, les gens en feraient une tête, s'ils nous écoutaient ! »

Ces expériences nous rappellent de continuer à adopter un regard ouvert et à imaginer ceci.

Que les « ***élèves de l'école routière de la vie*** » puissent, par moments et en fonction de facteurs complexes, avoir besoin de faire un stage au « ***Centre des Ataliens*** »...

Gardons notre humour !

Bénéficier en quelque sorte dans ce « *Quartier général* », d'une gamme de cours taillés sur mesure ou d'un service technique général.

Cette formation supplémentaire serait une occasion de sortir momentanément du circuit et de remettre à neuf ce qui le nécessiterait ou alors, de pêcher des outils supplémentaires afin d'être mieux paré pour le retour sur les pistes.

Dans le programme de remise à niveau seraient inclues des prestations telles que, bichonner les rouages, masser la nuque du pilote ou contrôler les amortisseurs !

Ainsi les ***Ataliens*** prendraient en charge momentanément leurs poulains, mettant en œuvre tout un arsenal de nettoyage châssis-moteur, pour leur permettre de voguer dans les meilleures conditions par la suite. Puis, les ***élèves*** retourneraient sur leur chemin récurés et dotés d'une visière translucide.

Je ne sais pas si cette visière, en l'occurrence, resterait translucide très longtemps dès le retour sur Terre. En effet, il existe sur cette planète toutes sortes de projectiles pouvant progressivement salir et couvrir de boue ce garde-vue.

D'ailleurs, il serait ennuyeux de devoir retourner en permanence chez le garagiste pour qu'il nettoie tout un amalgame de bourbe collée...

À ce propos, j'ai eu l'opportunité de discuter avec une personne âgée de nonante-trois ans qui battait des records de *stages* !

Elle était « morte trois fois » ! (C'était d'ailleurs inscrit dans son dossier médical). Cette expérimentatrice avait

« filé »-passez-moi l'expression- à trois reprises et à trois années d'intervalle, lorsqu'elle se trouvait en clinique.

Cette charmante séniore voulut m'en dire davantage et commença sa phrase ainsi :

« La première fois que je suis morte, j'ai.. ».

Puis elle enchaîna : « La deuxième fois que je suis morte... »

Je dois avouer avoir énormément ri intérieurement en l'écoutant énumérer de la sorte ses « *voyages* » inhabituels. C'était une situation cocasse de l'entendre évoquer ces événements, comme on parlerait de cuire une tarte...

Au bout de trois aller- retours, elle devait être blasée ! Non, je plaisante.

Je la questionnai quant à ce qu'elle avait retenu, vu ou reçu lors de ces épisodes extraordinaires.

Elle me dit : « La première fois, j'ai vu la lumière. C'était blanc et mes douleurs ont complètement disparu. C'était merveilleux. Puis je n'ai rien vu. Fini. La deuxième, la même chose. Blanc et plus de souffrances. Mais c'est tout. Après il n'y a plus rien. C'est le néant... La troisième, le noir toujours sans rien. »

Nous pourrions nous représenter les « ***mécaniciens ataliens*** » se dire : « Encore ? Elle est de retour ? Le pare-brise est de nouveau noir ? Notre petite protégée n'a pas apparemment compris après le premier cours de « Je prends soin de moi ».

Elle a beau avoir testé l'abstraction totale de ses douleurs lors de sa dernière visite, elle n'en a pas saisi la leçon. Bon, remettons tout à niveau, la jauge et le reste ! ».

25. Ecole terrestre et NDE sur le terrain

Mon Dieu, quelle leçon !

Mes Amis, je suis la première étonnée de la tournure que prend cette écriture.

Je vous livre directement mes impressions sans le moindre filtre.

Alors qu'au départ de cet ouvrage, je pensais vous faire part d'une portion de mes expériences passées et vous communiquer un certain nombre de mes compréhensions, je me retrouve ***élève à cent pour cent*** expérimentant des situations significatives au quotidien que je me dois de vous transmettre. De ce fait, je vais me laisser guider.

D'ailleurs, accepter de lâcher une certaine structure fait partie intégrante de l'exercice.

Du moins pour moi. Je suis en pleine immersion dans ***l'Ecole terrestre*** et ceci jusqu'au cou.

Lorsque je crois avoir saisi une information correctement, la Vie se charge de me montrer que ma vision n'est que partielle. Il y a toujours une porte derrière la porte. Il y a constamment matière à apprendre. C'est absolument infini.

Casser le formatage de notre manière de penser est la démarche nécessaire pour que les brèches ouvrent le passage à la lumière.

Chers Amis, éteignez votre intellect, votre esprit critique, votre réflexion et ouvrez votre cœur pour ce qui va suivre. C'est pour vous.

Ce matin, **S**. me propose de faire un petit tour de l'autre côté du voile.

En d'autres termes, de me rendre là où sont emmenés les gens qui font des **NDE**.

Je précise que **S**. ne m'invite à « *voyager* » de la sorte, que lorsque cela revêt une importance fondamentale.

Tout d'abord, **S**. me demanda de visualiser une porte.

Je vis devant moi une porte fermée haute de trois mètres en bois massif brun foncé. Je distinguais de fins rayons de lumière qui diffusaient par les interstices autour de la porte et une poignée ronde. **S**. me donna la permission de l'ouvrir.

Non, chers Amis, ce n'est pas un jeu et il n'est pas judicieux ni sécuritaire d'ouvrir des portes en tant que novice. Il est indispensable d'être accompagné par un expert de vol car ce n'est jamais anodin.

S. me donna comme consigne de lui décrire ce qui me serait dévoilé.

Je suivis ses instructions et tournai la poignée.

Dès que la porte s'ouvrit, j'eus l'immense surprise de voir en tout premier lieu **S**. en personne ! Un duplicata de **S**. !

C'était comparable à un copain qui désire vous étonner et qui se cache derrière une porte. Quand cette dernière s'ouvre, vous vous trouvez nez à nez avec ce camarade qui sourit à pleines dents et vous dit sur un ton joyeux : « Salut ! On y va ? »

Quelle rigolade !

Je me suis exclamée : « Ah, t'es là ! C'est toi que je vois ! »

S. resta concentré et me guida pas à pas.

« Bien, tu vas avancer tranquillement et me raconter, d'accord ? » Me répéta-t-il.

Je m'exécutai : « C'est magnifique. C'est blanc partout, comme un paysage de nature aux contours laiteux. Le bas et le haut se confondent. C'est simplement très beau, très tranquille.

Sur ma « droite »,... En fait il n'y a pas vraiment de direction !

C'est un sacré exercice de formuler en mots ce qui ne peut absolument pas se traduire en lettres.

« Je vois une bâtisse large dont le sommet a une forme pyramidale et qui est imposante. J'avance davantage et je perçois une sorte de tour qui se termine par une espèce de pointe lumineuse. À ce stade, je ne vois pas d'autres personnes.

Ah, si. C'est un peu flou, mais j'ai l'impression qu'il y a des gens qui se prélassent en petits groupes dans ces jardins. Ah, je vois un superbe papillon.

Oh, il y a quelqu'un qui vient vers moi. Je le connais. Il est hyper sympa. Il est si heureux de me voir. Oh, mais en fait maintenant il y a énormément de gens qui s'approchent de moi. Tous semblent si heureux de m'accueillir. »

« Oui, ils sont là pour toi. Ecoute bien ce qu'ils vont te transmettre. » Me communiqua **S**.

« Ils paraissent innombrables et forment un cercle autour de moi. Ils travaillent sur moi.

L'un d'eux a une sorte de médaillon large au centre duquel se dégage une lumière. On le place sur mon cœur et cela semble réguler les connexions dans mon cerveau.

On rallume et rééquilibre mes circuits énergétiques. Tout est remis en phase et je vois que le spectre total de lumière se diffuse dans mon corps.

Le groupe travaille sur moi et mon énergie change complètement. Un quadrillage vertical semble m'entourer et brille de toutes les couleurs du spectre.

On me dit que je ne dois pas oublier qui je suis vraiment. Que je suis très différente et que je dois me rappeler qui je suis.

Tu sais, ils me montrent mon véritable aspect et je suis très belle. Je brille. Je suis légère et je porte une couronne de fleurs. Je suis une fée et ma tenue est splendide. Je suis une princesse-fée.

On est en train de me nettoyer. Je sens qu'on me dépoussière et je vois littéralement du « *noir-gris* » sortir de mes cellules. Je perçois ces particules de pollution qui sont aspirées hors de moi et on me montre un sac. Un sac gonflé contenant ces poussières noires et on m'explique que j'ai trop imité les Humains.

Que c'est le fruit de mon imitation et que je n'ai rien à voir avec cela. Que je dois arrêter ça et juste être qui je suis vraiment.

Maintenant, il y a des gens qui semblent astiquer mon aura. C'est vraiment incroyable.

J'ai l'impression d'être dans une coque transparente et en-haut de celle-ci, se trouvent des cristaux qui travaillent sur moi. Un quadrillage de lumière m'entoure et une modification s'effectue. Cela ressemble à une pluie de lumière multicolore. »

S. m'expliqua : « Oui, ça travaille sur l'ADN. Cela te soigne. Laisse faire, ce n'est pas terminé. »

« Bizarre, j'ai la sensation que des gens frottent mon aura derrière mon dos. J'entends littéralement le grincement que leur nettoyage produit. C'est comme lorsqu'on fait briller une voiture et que la carrosserie grince de propreté.

Je te jure, j'entends comme un grincement. Trop dingue. »

Chers Amis, j'étais si reconnaissante de cette expérience et de l'immense Amour-soin dont je faisais l'objet que je ne cessais de remercier ces guides. Et ces derniers étaient si heureux que je puisse les distinguer. Si heureux de m'aider.

Ils semblaient vibrer et exprimer : « Eh, elle nous voit bien ! »

En fait, dans ces niveaux, on ne « *parle* » pas vraiment. Les informations se transmettent directement.

Mais j'essaye maladroitement de convertir les notions impliquées dans ce secteur en langage compréhensible.

C'est assez laborieux car les mots sont trop limités pour englober ce contenu.

Je poursuis.

« Là, je crois qu'ils ont terminé. Ils s'en vont maintenant. »

« Dis-leur merci. Et à présent, tu retournes lentement vers la porte. Tu la vois ? » Ajouta **S**.

« Ah, je la vois mais elle est plus éthérée, c'est normal ? Et je n'ai plus trop d'orientation. » Répondis-je.

« Oui, c'est la haute vibration qui fait cela. C'est parfaitement normal. Maintenant tu passes le perron et tu fermes la porte à clef. Puis tu la ranges dans ta poche. » Me dit **S**.

Je l'écoutai et m'efforçai de suivre ses directives à la lettre. Mais l'exercice de fermeture s'avéra plus ardu que prévu, parce que j'avais l'impression que ma main était constituée de pixels et traversait la poignée toute entière lorsque je tentais de tourner la clef.

S. ne fut pas surpris et m'encouragea à densifier mon intention, afin de parvenir à réintégrer correctement le monde physique. Son astuce fonctionna merveilleusement bien et j'ouvris les yeux après avoir verrouillé l'accès avec succès.

Ce que je ressentais était juste impossible à décrire.

Imaginez que des êtres bienveillants vous aient trempés de la tête aux pieds dans un bain d'Amour Inconditionnel. Que toutes vos cellules aient été intégralement nettoyées et rafraîchies. Que vous vous sentiez régénérés et reprogrammés à l'Initial.

À moins de le vivre, c'est impossible de saisir pleinement une telle expérience. Seule une véritable immersion permet une véritable intégration de l'information.

Quel impact cette expérimentation consciente a-t-elle eu sur moi ? Un effet multi- couches.

Le premier fut que j'étais si emplie d'Amour Universel que je voulais ardemment réveiller les Terriens et rappeler aux Humains qu'ils étaient profondément aimés.

J'aspirais à diffuser ce qu'on m'avait transmis à tout le monde. À tous sans exception.

Derrière le voile aucune différence n'est faite entre les êtres. Tous reçoivent un soin sur mesure. Celui dont ils ont besoin et qui les remettra à neuf de manière personnalisée.

Une envie irrépressible de communiquer cet Amour à quiconque croisait ma route me gagna ce matin, de façon encore plus intense que d'habitude.

Au début de ce paragraphe, je pensais que mon récit serait décousu. Pour tout vous dire, quand cette « **NDE** *consciente* » (voulant dire en tant qu'observatrice-transmetteur) me fut offerte, je crus sauter du coq à l'âne. Il n'en est rien.

Les guides me parlent clairement et je les entends cinq sur cinq. Et ces deux paragraphes, qui me parurent étrangement juxtaposés, sont en définitive étroitement liés.

S. m'explique le phénomène suivant.

Les **NDE** sont des expériences uniques. Apparemment, certaines personnes ne voient au départ que du « *noir* », d'autres un espace sombre où se profile une toute petite lueur de lumière, certains distinguent clairement une source de lumière plus vaste.

La variété des expériences se décline à l'infini.

C'est le niveau de conscience de chacun qui détermine son expérience.

Le « sombre-noir-néant » (du départ chez certains) n'est en fait, que la représentation de la résistance interne de l'individu en question.

Je ne sais si c'est compréhensible.

Si un routier est foncièrement convaincu de son vivant que la vie s'arrête après la mort, il lui faudra un peu de « t*emps* » (ce n'est pas le mot puisque le temps n'existe pas sur ce plan) une fois passé de l'autre côté pour réaliser que cela continue.

Tant qu'il n'aura pas compris, pris conscience, accepté que c'est différent de ce qu'il croit, il restera dans cet espace sombre.

La distance qui sépare la personne de la lumière est directement tributaire de son niveau de Conscience et de son degré d'Acceptation.

Plus la conscience est élevée, plus l'accès à la lumière est instantané.

Il est donc important que tous les élèves peaufinent durant leur parcours sur Terre leur entrainement en ce qui concerne l'acceptation et la flexibilité de leur mode de pensée. Cette ouverture de Conscience leur facilitera la tâche, une fois arrivé de l'autre côté du voile.

Je parle de flexibilité et j'insiste sur ce mot.

Aujourd'hui, dois-je moi-même affiner cet art qui consiste à rester ouverte et prête à remettre régulièrement en question mon regard sur la Vie.

Ne cristalliser mes croyances et mon mode de fonctionnement à aucun moment est une clef indispensable pour rester en mouvement dans mon apprentissage de Terrienne.

Après l'expérience de **NDE**, le premier impact fut mon envie de donner encore plus d'Amour à tous, mais il fut loin d'être le seul.

En effet, à l'instar d'une onde de choc s'ensuivit une multitude de répercussions inattendues sur mon degré de compréhension du moment. Je réalisai un peu plus tard dans la journée que la première personne que je vis derrière la porte était un double de **S.** ! L'un devant la porte et l'autre derrière.

Je ne questionnai ce phénomène de duplicata que quelques heures après la **NDE**, signe que cela ne m'avais pas tant frappée lorsque je vivais l'événement. J'avais la sensation que c'était normal et naturel d'être en compagnie au même instant de deux versions de **S.** appartenant chacun à des densités différentes.

S. « *terrestre* » me confirma que coexistent effectivement plusieurs réalités parallèles et que j'avais juste rencontré « l'autre lui », qui travaille sur ce niveau spirituel avec les guides nettoyeurs-régénérateurs.

C'est étrange de formuler en mots et d'essayer de rendre ces notions compréhensibles par écrit. Lorsqu'on est immergé dans la densité d'une **NDE**, notre perception est ultra-vaste. Il n'y a pas d'espace-temps, tout est réuni, y compris les différentes réalités.

Je crois que c'est impossible de décrire tout ce que cela englobe.

... C'est assez drôle de savoir que des photocopieuses cosmiques sont à l'œuvre dans l'Univers ! J'en ai eu la preuve ! Je l'ai vécu sur le terrain ! Un véritable cours pratique.

L'autre question soulevée par l'expérience du jour et qui m'oblige à creuser davantage en moi pour avancer est la suivante. Me voici perplexe.

La **NDE** *consciente* qu'on me permit d'effectuer me fit ressentir des sensations familières. Je pris conscience que j'avais dû déjà faire sans aucun doute une ou plusieurs **NDE** durant ma vie terrestre, parce que j'avais toujours compris avec aisance ce que des gens ayant frôlé la mort m'avais raconté.

Ces derniers paraissaient instantanément confortables en ma compagnie et osaient s'exprimer ouvertement sur leur expérience inhabituelle sans inhibition. Je n'ai jamais été empruntée par ces révélations confidentielles, mais je ne me suis bizarrement jamais demandée pourquoi cela se produisait extrêmement souvent à mon contact. J'étais si imbibée par ces informations atypiques, que je ne m'étais jamais demandée d'où je détenais ces données particulières. Cela coulait de source et faisait si intimement partie de moi que je n'ai jamais cherché à en trouver l'origine.

Je vous ai parlé de mes connexions hors-terrestres technologiques précédemment. Celles qui m'avaient marquées plus intensément dès l'âge de treize ans et qui m'avaient flanquée d'une phobie de l'espace durant quelques années.

Depuis hier, ma vision s'est encore élargie et me vient à l'esprit l'information suivante.

J'ai probablement dû traverser de nombreuses expériences (astrales) dans différents secteurs de densité durant ma vie et ceci notamment lorsque j'eus ma pneumonie en étant jeune. J'ai le limpide souvenir des contacts hors-terrestres déjà décrits en lien avec cet épisode, mais se superposent à ces « ***rappels des Gris*** » les ressentis que procurent les balades type « ***NDE*** ». J'ai la nette sensation de connaître équitablement ces deux rayons.

Je vais essayer d'être plus claire. Les expériences faites auprès des « ***Gris*** » sont imprégnées d'une énergie caractéristique qui m'est absolument familière. L'énergie ressentie lors des expériences type « **NDE** » est tout aussi connue mais elle est d'un autre ordre. Ce sont deux registres distincts dont les énergies bienfaisantes m'ont toujours accompagnées.

Il m'est à nouveau si difficile de formuler en termes humains ce qui est fondamentalement intraduisible en mots. C'est un peu comme bénéficier de deux excellents produits familiers ayant chacun leur propriété unique et incomparable. Chantilly et chocolat.

« **NDE** » et « ***contact des Gris*** ».

Ce qu'il me fut donné de vivre hier est exceptionnel. On ne voit-expérimente ce genre de situations « **NDE** » en général que lorsqu'on traverse une crise (par exemple lors d'un coma, d'une maladie ou d'un accident) ou quand on « meurt ».

Être invitée à le vivre à nouveau en étant éveillée impacte la prise de conscience de façon beaucoup plus forte. Cela génère une compréhension autrement plus profonde. Vivre une espèce de « **NDE** » dans un « *rêve* » ou « *en étant fiévreux* » n'est pas comparable à le vivre consciemment sans événement dramatique déclencheur.

Je ne peux que vous faire part de mes perceptions subjectives et mes descriptions approximatives, mais il n'en reste pas moins que cet « endroit »-« état » est juste à côté de nous. Un très fin voile nous sépare de cette réalité.

Il suffirait d'un souffle léger pour effacer cette frontière.

C'est si proche, les Amis.

Cette dimension est si grandiose, si vaste.

Je voudrais vous encourager à vous rapprochez de vous-mêmes et vous écoutez attentivement, à vous aimez. Apprenez à accepter qui vous êtes et ouvrez votre cœur à chaque jour qui passe.

Plus vous aurez l'habitude d'être humble et ouvert, plus cela sera fluide de l'autre côté.

Commencez déjà sur Terre afin d'accélérer votre apprentissage pour l'après-vie.

Acceptation et flexibilité, les Amis, n'oubliez pas.

C'est important.

26. Densités multiples

C'est amusant finalement.

Lorsqu'on accepte le jeu de la découverte et qu'on cesse de s'accrocher à des croyances, tout devient intéressant. À ce stade, je réalise que ma vision du monde suivit une évolution progressive depuis enfant que je pourrais caricaturer ainsi.

Tout d'abord, existait le monde concret et tangible que tous les routiers connaissent. Puis, ou plutôt en parallèle, se manifestait à moi « *l'invisible* ». Cette réalité-là n'était pas familière du tout pour la plupart des Humains qui ne semblaient pas la capter.

Puisque j'étais sensible et en mesure de percevoir une partie de ce monde éthéré, je fus amenée petit à petit à l'explorer davantage.

Au départ, je ne percevais que l'aspect magnifique du spirituel. Ma perception subtile était ouverte sur les Anges, Sainte Marie, Jésus et je pensais que « *l'invisible* » était ce monde unique. J'en conclus que l'univers était scindé en deux secteurs. Le monde physique et le monde « invisible-magnifique » représenté par la spiritualité telle que je la connaissais.

Puis, je me rendis compte que cette réalité impalpable était en vérité constituée de multiples densités.

Je fus amenée à rencontrer des poussières éthérées peu avenantes, qui me dévoilèrent l'existence du « bas-astral » dont j'ignorais tout auparavant. Comme son nom l'indique, c'est une densité aux vibrations très basses.

Ceci m'obligea à revoir ma compréhension de ce qui m'entourait et à reconsidérer ma vision angélique de l'invisible.

Je réalisai que l'impalpable était bien plus complexe que ce que je ne saisissais au départ et qu'il n'était pas que blanc, il était multicolore.

Constitué de multi- couches, le monde subtil regroupe de nombreux secteurs et rayons ayant chacun leur vibration propre.

Lors de la « **NDE** » par exemple, je fus emmenée dans une densité où les fréquences étaient extrêmement hautes. Cette dimension-là est véritablement merveilleuse et enchanteresse (terme trop réducteur à nouveau pour traduire cette sensation).

Ma médiumnité m'a offert l'opportunité particulière de ce discernement progressif.

II ème PARTIE VIE - Valorise l'Immensité de ton Être

Messages à profusion...

La Justesse est de se souvenir simplement de qui on est.
Aussi est-il vital de rétablir le contact avec soi-même,
loin du tumulte.
Rebrancher la prise et s'écouter.
En vérité, nous sommes tous des êtres immenses.
Des dieux venus faire l'expérience
de notre grandeur sur Terre.

27. V-I-E

Mes Amis me soufflèrent un soir : « ***VIE***. V-I-E. Valorise l'Immensité de ton Être. »

Le message était parfaitement audible, d'une absolue clarté.

Cette transmission eut la particularité de toucher de manière synchronisée plusieurs de mes sens. Je pus entendre ces mots distinctement, voir ces termes inscrits en lettres blanches lumineuses sur un écran et ressentir simultanément l'énergie imprégnant ces syllabes énoncées avec soin. Un contenu pluri- dimensionnel.

Trois jours se sont écoulés.

« ***VIE.*** Valeur Immuable Intrinsèque Eternelle. » Ajoutent mes guides aujourd'hui.

Il est bon d'expliquer que les interventions des ***Ataliens*** ne se font pas sur commande.

En l'occurrence, suite à leur annonce nocturne de leur développement de ***VIE***, s'ensuivit un silence radio. Aucune émission éthérée et nulle réception. Une pause.

Lors de ces congés offerts, je réalise à quel point ce type de travail particulier de médiateur est fatiguant pour mon organisme. J'enchaîne un nombre incalculable d'heures de sommeil durant ces interludes bénéfiques.

Mes *coachs* connaissent apparemment le bon rythme à respecter, afin que mon véhicule ne soit pas lésé par ces sollicitations subtiles.

Ils précisent : « ***VIE*** : Vis, Intègre, Expérimente. ***VIE*** : Valide l'Importance de ton Existence.

Transmutation permanente et consciente de la « Vulnérabilité Illusoire Erronée » vers un « Vaste Infini Epanouissement de l'Être. » »

Mes amis ***ataliens*** me confirment que la Vie est un jeu de transformation. La Terre est un espace où nous est fournie une chance inouïe de tester et de faire l'expérience de multiples situations propices à notre évolution. Nous disposons du libre arbitre afin de pouvoir créer tout ce qui est utile pour notre avancée personnelle.

Par exemple, croire que nous sommes de petits êtres faibles et en faire l'expérience est un choix. Penser que nous sommes extraordinaires en est un autre.

Les deux possibilités font partie du Tout et les deux versions opposées peuvent contribuer à l'émancipation ou la compréhension plus élargie de ce en quoi consiste véritablement notre passage sur cette planète-école.

Rappelez-vous de mon témoignage.

Etant jeune, j'avais baigné dans un environnement profondément rationnel. Ma différence de perception avait engendré nombre d'inconforts personnels et cette sensation d'inadaptation m'avait induite en erreur. J'en avais tiré la fausse conclusion que j'étais plus fragile que la moyenne des gens.

VIE. Vision illusoire de mon Être.

Trois décennies plus tard, les contextes de vie et les interlocuteurs présents sur ma route se sont modifiés. Le « *feed-back* » qui m'est donné a viré à centre quatre-vingt degrés. Gérer ces antennes n'est plus une tare, mais le signe d'une grande force.

VIE. Variété Infinie d'Interprétations Existentielles.

Finalement, la relativité du Tout est mise en lumière. Rien n'est figé dans la Vie, tout change en permanence. C'est un mouvement perpétuel où de multiples vérités coexistent et se transforment sans interruption.

Chers Amis, cessons donc de nous définir de manière catégorique.

Arrêtons de renfermer dans des boîtes des notions limitées de nous-mêmes et réactivons notre créativité. Réapproprions-nous la liberté de nous appréhender sous des angles différents, au gré de notre évolution. Découvrons qui nous sommes et surtout aimons-nous entièrement.

Non pas en pièces détachées, mais de manière complète.

Acceptons le paquet de toute notre expérience humaine et soyons d'accord de le faire grandir vers la lumière. Cette progression proposée sur Terre constitue une invitation à notre évolution éternelle. Précieuse pour la suite derrière le voile.

Toute élévation pouvant imprégner notre expérience terrestre est profitable pour après.

Chaque pas vers la conscience effectué sur cette planète a un impact extrêmement important sur l'expérience qu'on aura dans l'après-vie.

Imaginez que sur Terre il y ait une montagne de conscience. On gravit les marches une à une durant le parcours et on élève sa vision. Plus on est monté en altitude lors de son cheminement terrestre, plus on se situera dans un secteur élevé derrière le voile.

Je suppose que ce que je raconte est difficile à entendre pour certains, mais il semble important que je le mentionne pour que vous en soyez informés.

Gardez simplement cette information dans un coin de votre mémoire et laissez- la mûrir.

C'est une puce à l'oreille pour plus tard.

« ***VIE***. Vibration Infiniment Elevée. » Me glisse-t-on.

Hum, la communication semble plus lointaine ce matin et je dois prêter l'oreille (cosmique) davantage pour la capter. Cela me demande plus d'effort.

En fait, je suis distraite par des électriciens qui remettent à neuf les circuits dans le studio que j'occupe. Leur présence accapare une partie de ma concentration et j'ai du mal à entendre ! Ces diversions momentanées m'éloignent du centre téléphonique spatial !

Quelle leçon régulière. Afin de parfaire un alignement optimal, faut-il incessamment sonder son intérieur et s'assurer que les perturbations liées au quotidien n'interfèrent pas avec la transmission.

Il est indispensable d'être en mesure de faire le vide en soi afin de pouvoir recevoir les données purement. Sans cette précaution, les informations perdent de leur acuité et sont imprégnées de couleurs terrestres, diluées et déformées par l'état du récepteur.

Chers Amis, cette observation m'amène à vous expliquer le phénomène suivant.

Les guides sont disponibles et présents pour tous les routiers sans différence aucune.

Ce sont en vérité nos résistances internes qui empêchent une interaction facile avec eux.

Ces *coachs* aimeraient s'entretenir avec tout le monde sans exception, mais le barrage à cet échange privilégié s'élève dans le cœur de l'élève.

Comme ce matin, dès que je suis inattentive et que se ferme un minuscule pan de ma connexion, la fluidité de la communication s'en ressent. Les interlocuteurs éthérés me paraissent lointains, alors qu'en vérité c'est moi qui me suis éloignée d'eux, vous comprenez ?

Les techniciens ont fini leur travail et ont quitté les lieux. Ce silence précieux m'offre l'espace pour réactiver mes connexions internes en toute quiétude, sans parasitage externe.

Il s'agit de faire le vide (qui ne l'est pas !) en soi pour retrouver la plénitude !

Vous me suivez ?

Nous sommes constamment bombardés par des stimuli issus de la frénésie régnant au sein de la société de consommation. La vitesse imposée par cette organisation tend à détourner ***l'élève*** de son centre du matin au soir si celui-ci n'est pas vigilant et pleinement conscient de ce phagocytage intempestif.

Combien de fois ai-je eu le loisir d'observer mes patients être débordés jusqu'au point de rupture, tant le rythme établi par le système les poussaient au-delà de leurs limites !

La seule solution à cette aliénation progressive provoquée par le fonctionnement ultra-rapide actuel est le recul. Pouvoir s'extraire et regarder avec de la distance son quotidien permet de réajuster certains choix pour améliorer sa qualité de vie.

La plainte récurrente, provenant de multiples personnes – toutes professions et statut social confondus – que j'entendis durant ces nombreuses années de pratique thérapeutique, était le manque de temps libre, ingrédient indispensable à une introspection salutaire.

La base de la liberté. Pouvoir « ***Être*** ».

Ces propos ne concernent sans doute pas toute la population. La méditation, les techniques de yoga sont utilisés par un nombre croissant d'individus avertis, qui ont su chercher des moyens de se reconnecter à leur âme et cultiver ce jardin secret, au milieu de cette agitation. Mais il serait si bon que tous puissent accéder à cette compréhension !

28. Vibration infiniment élevée

Je remonte. Je transmets.

Vous êtes prêts ? On va prendre de l'altitude.

Voici ce que les ***Ataliens*** aimeraient que vous lisiez.

« L'élévation est sans limite.

Lâchons la frontière vie-mort et poussons ce mince voile aussi fin que les ailes d'une libellule qui sépare ou unit ces deux formes de réalité.

Notre expérience terrestre impacte directement l'existence derrière le paravent.

Plus on apprend et grandit dans le monde concret, plus on vibrera sur un niveau élevé une fois sur l'autre plan, dans l'après-vie.

La Terre regorge de leçons permettant d'améliorer des secteurs de compréhension nécessitant d'être travaillés. Cette planète permet de peaufiner ces apprentissages afin d'accéder à des niveaux encore plus hauts de l'autre côté. »

J'ai l'image d'un perchiste dans la tête. Du saut à la perche.

Cet athlète prend son élan et s'élance, espérant atteindre la hauteur désirée. S'efforçant de dépasser ses anciennes performances, il effectue de nouvelles prouesses qui effacent ses limites obsolètes.

« Plusieurs aller- retours. Nombreux aller- retours. » Me glisse-t-on à l'oreille.

Le sportif court et s'élève. Tombe. Il accélère à nouveau, sprinte et gagne quelques millimètres. La barre tombe. Il recommence. Il respire, se lance en tenant compte de ses tentatives précédentes et essaye à nouveau de décoller son corps de la gravité pour transcender ses paliers personnels. Et ainsi de suite.

L'entraînement. C'est cela. La planète Terre est un camp d'entrainement destiné à nous faire évoluer. On y trouve toutes les occasions de parfaire nos lacunes et faiblesses pour accéder à d'autres niveaux plus élevés derrière le miroir.

« Dis-leur que c'est un terrain unique, que c'est une chance.

Rappelle-leur le cadeau inestimable que représente cette transition sur Terre.

Il faut qu'ils réalisent que c'est un bien précieux.

Qu'ils en tirent les bénéfices de croissance, puisque tel est l'objectif de cette expérience.

Enfoncer leurs murs intérieurs, extraire de la pierre de leurs résistances le cœur le plus pur qui soit, un diamant brut qui doit briller de mille feux.

Rétablir la luminosité de leur âme.

Elle est à nettoyer, à découvrir, à nourrir et faire croître au-delà de toute limite concevable. Au-delà des contrées rigides, au-delà, au-delà.

L'Immensité de l'Etre est insaisissable. Elle est.

Dis-leur qu'ils sont nombreux à avoir réitéré leur expérience terrestre.

Les passages par la case « Terre » sont nombreux et tributaires des leçons à intégrer.

C'est un cours d'une valeur indescriptible, c'est une opportunité grandiose.

Rappelle-leur cela.

Briser les illusions et laisser s'émanciper la quintessence de l'âme dans sa splendeur initiale. Dévoiler l'Immensité du Tout sur Terre.

Imprégner cet espace de la Source absolue en vue d'une mutation irréversible vers la lumière. » Me transmet-on avec force.

Fermeté, sérieux. Le ton est très sérieux. C'est important. Très important.

Je brûle littéralement. J'ai si chaud que je transpire et mon plexus solaire est bouillant. J'ai l'impression qu'un feu m'a traversée de la tête aux pieds. Je sens un feu incroyable circuler dans mes veines et mon visage s'empourpre, tant l'intensité de ce message est limpide. Je ne sais ce que je viens de transmettre, mais sa force m'a laissée en surchauffe.

Feu du Ciel.

Cela reprend.

« La fuite ne fait que retarder l'inéluctable. Devra être appris ce qui est à comprendre.

On ne peut contourner la ligne droite. Directement affronter peur, mensonges, faiblesses.

Car ils ne sont qu'un nœud.

À défaire, purifier, rectifier pour lui redonner sa forme originelle droite.

Chaque frein, un nœud à libérer.

Que les Terriens nous appellent, nous leurs frères.

Nous les seconderons avec joie si l'intention est luminescente et franche. Nous ne les aiderons nullement à stagner dans le flou, nous illuminerons leur ombre par amour.

Non, ce n'est pas cruel.

C'est aimer. Aimer.

Accompagner nos frères vers la croissance, puisqu'elle profite à tous.

Chaque parcelle de lumière est une goutte d'une puissance insoupçonnée.

Si seulement ils voyaient. Si seulement ils pouvaient entrevoir combien chaque apport lumineux et conscient élève le Tout !

Les Terriens naviguent à l'aveugle et certains plongent.

Dis-leur que fuir de l'autre côté, quand le monde matériel les fait trop souffrir, ne résout rien. Cela ne fait que reporter à plus tard un apprentissage qui devra tôt ou tard être assimilé. Explique-leur que si faire se peut, il faut persévérer.

Qu'ils demandent notre assistance. Nous sommes prêts à les soutenir.

Non pas en faisant leur travail, mais en mettant en lumière les éléments à transformer pour qu'ils deviennent limpides, propices à être traités.

Ecris ceci. Informe-les.

Leur obstination à maintenir leurs croyances est un puits dans lequel ils finiront par se noyer. Il signera leur précipice.

Qu'ils s'ouvrent à nous avec confiance. Que leur cœur se réveille à notre présence.

Nous sommes de fidèles alliés d'une puissance dépassant toute limite terrestre.

Amour.

Dis-leur de s'aimer avant tout et au-delà de tout.

Cela guérit le monde et diminue la distance qui nous sépare. » Ajoutent-ils.

Merci à eux pour leur Amour.

La présence ayant dicté ce contenu est simplement indescriptible. Je voudrais tant vous permettre de sentir cette glorieuse présence. Vous seriez juste... Vous sauriez juste. Vous sauriez.

Je dois me reposer. Je referme mon ordinateur et prends le temps de réintégrer une fréquence en phase avec cette planète, en regardant quelques sketches comiques. Ceux-ci m'aident à retrouver la Terre ferme. Cette fois, je prends le temps car il m'est arrivé depuis le début de ce travail un incident régulier et ennuyeux. Celui-ci perdura jusqu'à ce que je réalise ce qui se passait véritablement. Voici ce que j'expérimentai.

Ma transmission du jour terminée, je partais me promener avec enthousiasme sans précaution particulière. Or, il m'arrivait systématiquement soit de trébucher, de rater une marche, de m'encoubler ou encore de manquer de perdre l'équilibre dans les premières minutes suivant l'interruption de l'écriture.

Ces manifestations étaient le signe que je n'avais pas eu l'occasion de réintégrer mon corps physique correctement. Du moins, que j'avais besoin de laisser poser mon véhicule un certain temps, voire un temps certain avant d'enclencher la moindre action physique. Il est indispensable que je respecte cet aspect de l'exercice, sous peine de me retrouver au sol !

Oui, monter et descendre en fréquence est périlleux. Un travail d'équilibriste.

Demain je serai à nouveau disponible.

« Dis-leur qu'il n'est pas grave de se tromper. Tout contribue à approfondir les leçons.

Accepter les erreurs est le pas d'ouverture. À partir de ce point tout est possible.

Refuser, c'est le nœud. La ligne tordue qui tourne sur elle-même, un tourbillon descendant.

Le vortex s'amplifiant vers la lumière, telle est la voie.

Ouverture et acceptation.

Une vie terrestre, deux, trois ou de multiples.

Autant de transitions nécessaires pour imprégner les compréhensions.

Le temps est sans importance. L'élévation est d'une importance capitale pour servir le Tout. Le Tout qui inclut tous.

Ainsi, un pas de conscience à la fois guérit ses pairs, telle une vague irrépressible se propageant à l'infini.

Conscience est puissance. Cohésion.

Particules de lumière créant un soleil sur Terre.

Quadrillage devenant dense recouvrant la planète et impactant l'Univers tout entier. Cohésion.

Rétablir les liens. Echanges éveillés entre humains et contact avec nous. Réseau.

Rehausser le niveau est une question vitale, c'est le moment.

Maintenant. Dès à présent.

S'approprier son unicité.

Développer cette graine, cette partie unique du Tout.

Elle grandira et apportera une contribution au Tout.

Toute élévation, même infime est incroyablement percutante.

Une bombe en puissance provoquant des répercussions merveilleuses.

La Terre est un jeu d'alchimie.

Les Humains sont des magiciens qui s'ignorent parfois sur cette planète.

Qu'ils osent !

Qu'ils fassent preuve d'audace et usent de leurs talents.

C'est leur travail. La raison de leur choix de retour dans ce monde physique.

Transformer une minuscule parcelle et tout est modifié.

Contribution irremplaçable. » Insistent les ***Ataliens***.

Mes guides m'encouragent à aborder le thème des « aller- retours multiples » avec une touche d'humour. Ils m'annoncent que cette notion peut choquer certains.

Revenons au saut à la perche et faisons un parallèle avec la Vie.

Le sportif court et saute pour atteindre des hauteurs augmentant graduellement au fur et à mesure de ses répétitions.

L'élève routier s'entraîne sur son parcours (court) et gagne en conscience (saute-monte).

En fin de cheminement sur cette planète, l'altitude en conscience atteinte par le routier définit le niveau d'atterrissage derrière le voile. Celui-ci augmente au gré des diverses compréhensions mises en pratique et intégrées sur Terre.

L'accumulation de progrès lors des divers passages sur cette planète permet à l'apprenti de s'élever toujours plus haut dans l'au-delà. La Terre sert de lieu privilégié pour l'apprentissage concernant les zones à perfectionner. Nous sommes là pour évoluer.

Chers Amis, j'espère que ce qui est formulé n'est pas trop délicat à saisir.

Les ***Ataliens*** me poussent à ajouter une explication supplémentaire au sujet de ces aller- retours. Décidément, cette donnée (susceptible de déranger apparemment fortement) est d'une importance indiscutable.

Prenons l'exemple suivant. Vous avez eu de bonnes notes à l'école et votre moyenne générale vous a donné l'occasion d'accéder à un bon grade derrière le miroir. Un joli poste avec une vue imprenable sur une mer majestueuse, où vous vous délectez de saveurs et de parfums envoûtants. Vous profitez avec gratitude de ce niveau de vie.

Un « jour », vous vous sentez prêts à découvrir des nouveautés et vous êtes désireux d'accéder à un étage supérieur (dans l'après-vie) pour profiter d'un panorama encore plus vaste. Or, vous savez que la condition « *sine qua non* » pour obtenir cette promotion est le passage par la « case Terre ». En effet, cette transition précieuse pourvoit un cours de perfectionnement qui fournit le diplôme, en cas de réussite, permettant d'accéder aux sphères plus élevées dans l'au-delà.

Le libre arbitre vous appartient et nul ne vous force à effectuer ce « *stage* ». Vous êtes libres, c'est votre choix.

Mais il est intéressant de mentionner ceci.

Il n'est pas exclu que, malgré le fait que vous soyez situés sur un niveau très élevé derrière le voile, vous arriviez sur Terre et soyez amenés à naviguer dans un environnement de basse fréquence. Oui, une magistrale chute libre vibratoire peut être votre lot de départ dans la vie concrète. Dans cette vie.

Du moins, tant que la leçon, pour laquelle vous ayez choisi de retourner sur cette planète, n'a pas été travaillée et améliorée. Nettoyée ou transformée.

Hum, est-ce compréhensible ?

Votre élévation derrière le miroir ne vous garantit pas du tout un cheminement confortable sur Terre. Ce passage doit servir à vous enseigner pour que vous deveniez encore plus costauds. Il vous offrira l'occasion rêvée de vous dépasser.

Je résume. Votre moyenne générale est excellente. Mais vous êtes totalement faible dans un secteur particulier et précis. Et c'est justement cette zone que serez exhortés à peaufiner dans le monde physique, puisque cette lacune empêche la progression de votre ascension derrière le miroir. Ainsi donc, le thème central du cours humain se concentrera sur ce point vulnérable. Non pas, pour vous blesser et vous torturer, mais pour vous aider à grandir.

Moyenne neuf sur dix. Maths, zéro.

Un tour dans le toboggan pour affronter cette science et récolter la bosse des mathématiques ! Ce n'est pas plus compliqué à saisir !

Autre exemple, un être très éveillé, mais peinant grandement dans le secteur affectif. Et Hop ! Du concentré de nœuds émotionnels bien collants au programme pour devenir l'expert absolu dans la libération et l'assainissement de ce rayon !

L'atterrissage sur la planète mettra l'élève parfaitement au parfum de l'ampleur de sa tâche. Il est à souligner avec insistance que le but de cette « mise à l'épreuve »- si je puis dire- n'est pas d'écraser l'apprenti, mais de le rendre plus fort.

Après avoir réussi à affronter cette faiblesse, il aura la joie d'être catapulté avec un trampoline cosmique vers des hauteurs insoupçonnées dans l'après-vie.

Et gravir ainsi d'autres échelons de l'échelle infinie de la Conscience.

Le « ticket » pour pareille progression est l'imprégnation de la leçon dans toutes les cellules par l'expérience concrète. L'intégration par le vécu dans sa chair.

La Vie est un catalyseur d'évolution. Posséder un corps physique et avoir le privilège d'expérimenter sur cette planète est un cadeau phénoménal.

Chers Amis, rappelez-vous de cela.

Quand tout semble noir et perdu, s'il-vous-plaît, souvenez-vous simplement de cet éclairage. Ouvrez-vous, vraiment. Les potentiels sont illimités.

Nous ne sommes pas en mesure de saisir l'entièreté du tableau lorsque nous sommes sous forme matérielle, et nous ne connaissons pas tous les tenants et aboutissants de cette réalité. Ce n'est pas sous notre contrôle. Mais, nous pouvons modifier notre attitude.

Choisir d'être réceptifs et perméables à toute aide provenant de nos *associés* nous octroie un bonus magistral.

Avant de désespérer et tendre vers des options radicales (comme quitter son corps de manière anticipée), essayez au moins de discuter avec eux. Demandez ! Demandez ! Et surtout écoutez en lâchant prise.

Pour revenir vers ces aller- retours, vous réalisez qu'il y a un « prix » à l'évolution. Cela exige de l'effort, du travail sur soi, un nettoyage considérable. Cela vaut tout l'or du monde.

29. « Là où tu te trouves Toi, tu nous retrouves Nous »

« Là où tu te trouves Toi, tu nous retrouves Nous.

Quand tu auras épluché toutes les couches de protection, toutes les fabrications humaines, les conditionnements, les artifices inutiles, tu reverras le cœur.

Le cœur qui pulse, qui bat et qui aime absolument.

Tant que les gens n'auront pas éliminé ces recouvrements aveuglants, ils ne sauront véritablement aimer. Toucher leur cœur, percevoir leur âme.

Ils agissent depuis leur mental, à partir de leurs formatages variés qui diffèrent de l'Alignement Originel. Seul, cet espace est pur. L'unique axe vertical menant à la Source. L'Amour se répand depuis ce générateur.

Les Terriens ont oublié, mais toi, tu as gardé ce contact.

Et ceci pour une raison. C'est ta mission.

C'est pour cela que tu es descendue.

Pour transmettre et rappeler aux humains ce qu'ils ont oublié. Ce qui a été effacé.

Fais-ceci pour nous. Nous comptons sur toi.

Remplis ce rôle avec Foi et sois pure dans ton écoute.

Tu ne peux être avec nous correctement entourée des fréquences de tes congénères car ces vibrations ne sont pas encore en phase parfaite.

Phase pure et dénuée de mental. Unique condition pour réceptionner nos dires.

Tu te dois de faire un choix.

Mais tu sais déjà quelle est ta décision puisque ce message prend forme.

Nous sommes avec toi et c'est bien. C'est ainsi. C'est la justesse.

Nous comptons sur toi.

Plus tu avanceras, plus tu nous percevras facilement.

Plus les vibrations de tes pairs te demanderont un effort d'adaptation.

Tu as fait semblant trop longtemps et ton corps physique en a payé un lourd tribut.

Tu n'as plus à porter un masque. Ne fais plus de compromis.

Sois qui tu es, c'est central. Tu es un canal.

Tes patients te l'ont toujours dit. Ainsi sois.

Sois qui tu es. Cela mettra un terme à ce manque de considération pour toi.

Sois avec nous et nous t'enseignerons nombre d'éléments que tu ignores.

Pour que les Humains retrouvent l'amour. Amour. Leur Axe.

Ils sont perdus et se font souffrir.

Ils se font du mal et maltraitent leurs congénères parce qu'ils se sont détournés d'eux-mêmes. Ils copient leurs pairs qui avancent à l'aveugle, vidés de l'Essentiel. L'Essentiel.

Sois le transmetteur.

Que le coeur de chacun se rappelle.

Qu'il soit débarrassé de ses épines inadéquates et périmées.

Qu'il soit retrouvé. »

Cette écriture continue de m'instruire.

Evoluer à partir de l'Axe originel.

Je dois vous expliquer l'élément suivant.

Hier, j'ai aligné quelques phrases qui étaient issues de ma perception plus terrestre – si je puis-dire.

Mais, en fin de journée, je fus obligée de reconnaître que les mots posés m'avaient laissée perplexe. Quelque chose clochait. Je ressentais une espèce d'inconfort...

De ce fait, je veillai aujourd'hui à affiner ma connexion et m'assurai de bien prêter l'oreille aux instructions susceptibles de me parvenir. Apparemment, il y avait lieu de me remettre en question. J'avais vu juste.

Voici ce que mes co-auteurs m'expliquèrent.

« Pars de tout en-haut.

Sois à la pointe suprême de la Hauteur. Uniquement dans la plus pure des vibrations.

Là où nous sommes.

Retrouve-nous dans ces sphères car Là se situe notre parole.

Dans la plus claire vibration qui soit.

Nombre de tes camarades ont offert leur témoignage terrestre.

Mais les Humains ont besoin de Nous, de nos éclairages.

Ainsi, reste ici. À nos côtés.

Tu ne peux plus être entre deux dimensions. Le corps entre deux mondes.

Non, toujours avec nous pour être notre voix.

Un feuillet. Toi, tu sais que seul un feuillet nous cache de la vue des Humains.

Mais ces derniers ont toutes les difficultés de s'en souvenir.

Plus ils s'imprègnent de la Terre et des fréquences erronées de leurs congénères, plus la couche de carapace se transforme en une masse de béton qui les tient éloignés de Nous. Un marteau piqueur sera désormais nécessaire pour faire voler cette armure vieillie et endurcie par la répétition de leur illusion. Et leur obstination.

Ainsi, toi reste avec Nous et ne fais aucune escapade vibratoire durant cette écriture.

Sois pur réceptacle. C'est l'unique travail.

Ecoute et écris.

Parle à partir de la Source pour que la Hauteur leur soit communiquée.

Dis-leur.
La Source Originelle est pure Joie.
Zéro frontière. Aucune différence.
Pleine imprégnation d'Amour.
La Source est pure Joie, pur Tout.
Là où les gens ne jugent pas, ne séparent pas, ne jalousent pas.
On est à la Source quand on sent, on sait, qu'il n'y a aucune différence à avoir.
Chaque individu est une particule de la lumière.
Chacun son expérience pour contribuer à l'élévation en lumière du Tout.
Chaque expérience apporte son unicité indispensable.

Rappelle-toi que ce livre ne prend pas forme pour toi.
Tu le sais. Il est destiné à l'Humanité. Il dépasse ta personne.
Reste à ta juste place et tout sera fluide pour le plus grand Bien.
Ne t'inquiète de rien et ne porte pas d'avis sur ce qui est écrit.
Cela n'est pas l'histoire de ta petite personne mais le pont pour toucher chaque main.
Une opportunité de changer les mœurs et faire évoluer cette race si bornée. Oui, bornée.

Elle s'accroche avec fougue à ses acquis anciens et archaïques.
Ceci, alors que tant de possibilités existent dans l'Univers et sont si prodigieux.
La masse de la population doit décrocher de ses fondements erronés pour que le monde puisse avancer.

Trop de souffrance par bêtise. Trop de dégâts par ignorance, inconscience.

Jouer avec le feu. Spécialité des humains. Arrogance reposant sur le néant. Le néant.

Une nano particule de connaissance face à l'immensité de la Connaissance.

Explique-leur combien c'est simple de Nous parler.

Montre-leur la simplicité de ce contact.

Alors que les Humains s'exercent à méditer pour ouvrir leur connexion, toi, tu as lutté fermement pour maintenir cette ouverture la plus fermée possible.

Tu as fait l'effort inverse tant il était facile pour toi de Nous parler.

Mais maintenant, cela suffit.

Oui, écris mot à mot tout ce contenu sans ajouter ta touche personnelle, car tu es nous et nous sommes toi dans la plus grande cohésion qui soit.

Sois ainsi.

Dans un corps physique, sois notre porte-parole courageux.

Il ne s'agit pas de toi. Tu le sais, n'est-ce pas ?

Tant d'ouvrages relatent des expériences terrestres.

Les Humains n'ont pas besoin d'un autre témoignage d'incarnés mais d'informations provenant de la Base du Générateur.

Ainsi, ne sois que là. Plus de tergiversation.

Poste fixe et immuable jusqu'au bout de ce livre pour l'Humanité. »

... J'ai donc effacé le contenu de la veille et remercié avec humilité mes interlocuteurs éthérés.

30. « Mourir pour Renaître »

Qu'implique une guérison ?

« Mourir, pour Renaître. Telle une chrysalide.

Se métamorphoser pour quitter l'ancien cocon.

Laisser mourir le passé, le lâcher entièrement pour épouser la nouvelle forme de pensée.

Un nouvel état d'être. Transmuter.

Tant que ce qui retient n'est pas laissé, il n'y a que des réparations partielles.

L'enveloppe endurcie doit être quittée pour une structure plus souple, malléable.

Réparer le physique seulement ne résout pas la cause de l'apparition du symptôme pathologique. Le dysfonctionnement physique est le résultat d'une cause provenant des couches énergétiques. À divers niveaux.

La guérison véritable implique obligatoirement une prise de conscience.

Une purification.

Une transmutation de l'état vibratoire. »

Après cette transmission, je me suis rendue dans un parc, afin de profiter de l'ambiance sereine qui règne en ce lieu magnifique. L'air y est frais et les arbres centenaires trônent avec majesté, dominant de leur taille immense des tapis de fleurs multicolores.

Alors que je m'installe sur un banc, à l'ombre de feuillages verdoyants, un frisson me gagne. Mes poils s'hérissent soudainement et une sensation de froid caractéristique parcourt mon corps. Une présence éthérée féminine veut discuter avec moi. Ce n'est pas une visite fortuite. Ce vis-à-vis s'approche de mon épaule droite et me glisse avec discrétion :

« Salut. J'aimerais contribuer au livre. Je peux t'éclairer. »

Petit à petit, je la reconnais. Mon interlocutrice est une femme remarquable et brillante qui passa dans l'au-delà à un jeune âge, suite à un cancer de la peau foudroyant.

Je la questionne : « Dis, qu'as-tu compris de ton passage court sur cette planète ? Qu'y avait-il avec ta peau ? »

Sa réponse : « Ecorchée vive. Brûlée au fond de mon âme par des torches de méchanceté.

Micro- lésions depuis enfant.

Savoir pardonner. Savoir se pardonner.

J'ai fait une involution. Un aller-retour bref. »

Cette présence, désireuse de participer à l'élaboration de cet ouvrage m'éclaire sur l'origine émotionnelle de sa pathologie : les nœuds non résolus de ses ancêtres, se sont amplifiés au fil des générations par l'inconscience générale et ont atteint un seuil paroxystique qu'elle manifesta avec force. Son corps traduisit, par la maladie, le sac empli de tous ces éléments non nettoyés. Son départ précipité vers l'au-delà, suite à cette charge émotionnelle incommensurable accumulée, mit en évidence ces lignes courbes. Lignes à redresser pour retrouver le parfait alignement vertical axé sur la Source.

Cette jeune femme ne resta que quelques minutes avec moi et sa transmission fut synthétique. Cette personne intelligente me communiqua les informations de façon rapide et directe, sans mot superflu. Son passage « éclair » fut percutant et empreint d'une forme de pudeur. Je la remercie pour son effort et sa générosité.

Les ***Ataliens*** ont des précisions à apporter et ils me somment de m'asseoir car ils sont impatients de communiquer.

J'ai la sensation que le contenu sera dense et qu'il ne me faut pas perdre de temps.

Soyez attentifs, les Amis, je perçois que c'est important.

« Mourir pour Renaître.

Assure-toi qu'ils comprennent bien le sens.

Les cycles de la nature dans le monde terrestre illustrent cette métamorphose porteuse de vie. Automne, chute des feuilles. Les arbres lâchent, laissent mourir.

Hiver, arrêt provisoire en apparence. Mort virtuelle, puisqu'en coulisses dorment les graines.

La vie est en mouvement, sans interruption. Nécessité de ce mouvement perpétuel.

Evolution et non stagnation qui, elle est une forme de mort.

Printemps éclosion de la nouveauté. Alchimie absolue et naturelle.

Eté, épanouissement, explosion de la majesté du vivant dans une splendeur exponentielle. Cycle. Vague qui lèche le sable et se retire.

Ainsi, doivent les Humains se calquer sur cette vague. Vague de Vie.

Savoir lâcher et laisser Mourir pour Renaître.

Explique-leur bien, qu'il ne s'agit pas de quitter son enveloppe corporelle.

Durant le temps terrestre, apprendre à dépasser un certain état d'être, pour accéder à un état plus éclairé.

Quitter un niveau vibratoire pour un autre. Changer de fréquence.

Lâcher l'ancienne vibration lorsqu'elle sonne faux.

Oui, dis-leur de s'écouter.

De bien être attentifs à leurs choix. Au gré de l'avancée, ces derniers changent.

Autrefois ils répondaient à des besoins.

Mais ces nécessités peuvent s'évanouir et laisser une place vacante pour un renouveau.

Réajuster sans cesse. Affiner et ceci régulièrement.

Moduler représente le mouvement de cette expérience.

Une évolution vibratoire. Ceci, pour grandir et nourrir son âme.

Les repères principaux sont la Joie.

Rappelle-leur !

Ce qui emplit ton cœur de joie est Ta nourriture.

L'indice qui te dirige dans le sens de la Vie.

Lourdeur, manque d'entrain, signent une zone à étudier.

Oui, observe quel ingrédient dissone avec la musique de ton âme.

Ce qui est bon pour toi, n'est pas nécessairement adéquat pour autrui puisque vous êtes uniques. Votre mission comprend des choix personnels distincts.

Pas de juste ou de faux, juste des décisions en lien avec sa propre mélodie.

Dis-leur que tout évolue.

Une relation amoureuse, un travail, les amis, les passions, les valeurs, le style de vie pratique. Tout est modulable. Champs d'infinies créations.

La seule limite est notre censure intérieure. C'est notre responsabilité.

Un mariage peut être bénéfique pour une période.

Mais l'existence est telle que la garantie que deux individus restent en phase toute une vie, est hors de contrôle.

Affiner la fréquence en permanence.

Travail d'équilibriste plein de souplesse. Plein d'Envergure.

Ampleur se déployant comme des ailes.

Un travail peut s'arrêter pour laisser la place à une occupation plus en accord avec l'état du moment. Une

Mort pour une Renaissance emplie davantage de joie et de plénitude. D'harmonie.

La peur est le frein. C'est le ciment qui bloque.

Confronter cette résistance rend plus fort, rend libre.

Pour plus de liberté, la peur doit être dépassée, apprivoisée.

Tout ce qui sera compris ici, dans le monde matériel, sera le « cadeau » pour après.

Si tu ne saisis pas la leçon, tu seras amené à refaire un passage par la Terre, pour approfondir le sujet présentant la faille à colmater, à réparer.

Dis-leur de travailler sur eux.

Dis-leur de se fier à eux-mêmes et d'être justes. Honnêtes avec eux-mêmes.

Cela produira une joie bénéfique pour tous.

Là où tu t'es trouvé, réalises-tu que tu as Tout. Tu as l'Essentiel.

Tu es nourri par ta propre connexion à la Source.

Nul besoin de prendre aux autres. Nul besoin de jalouser, d'envier, de juger.

Obsolète état de pensée.

N'ayez pas peur de mourir.

N'ayez pas de crainte à lâcher des parts de vous qui n'ont plus à se manifester. Transformation. Grandir et vibrer.

Toujours plus haut. Plus haut.

Infinie ascension.

Dis-leur aussi que tu es amenée à mettre en pratique ces leçons.

Que tu t'es trompée beaucoup, tout comme eux.

Que tu as connu des vibrations basses, très basses, extrêmement basses.

Que tu as commis des erreurs en quantité faramineuse mais que tu essayes de t'améliorer.

Tu es dans le même bain. Oui, dans le bain de l'expérience.

Tu ne peux rien transmettre que tu n'aies eu à confronter.

Le processus est sans fin. Il n'est pas demandé d'être parfait mais de tendre vers la lumière.

Juste se tourner vers la lumière et persévérer.

Avoir la force de lâcher prise et s'en remettre à la Foi.

La Foi signifie la confiance. La confiance en soi. Le plus haut Soi qui soit.

Ecouter la part de Soi la plus élevée, celle qui rêve grand et sait.

Sait ce que vous voulez vraiment accomplir sur cette planète.

Qui vous désirez être. Non, qui vous Êtes. Mais qui vous êtes vraiment.

En-dessous des couches et sous-couches de « non-vous ».

Artifices à éliminer pour entendre la vraie voix.

La voix amie- âme. La voix de votre âme.

Sois l'accordeur de ton propre instrument et joue la musique qui t'est propre.

Et non celles d'autrui.

Trouve ta chanson. Ajuste. Réajuste.

Redéfinis ta réalité, ton expérience.

Et teste. Apprends. Cycle. Mouvement.

Accepte la non permanence. Tout est éphémère.

Laisse glisser l'eau entre tes doigts.

Tu ne pourras la retenir car elle finira par se transformer. S'évaporer.

Devenir invisible et exister sous une autre forme, comme toi.

Accepte cela et ton monde changera. »

Merci à Eux.

Chers Amis, je joue la transparence toujours et encore.

Après avoir relu cette transmission, j'ai réalisé que plusieurs ***Ataliens*** sont intervenus (ils sont souvent présents en nombre) et que chacun d'entre- eux avait choisi un ton clairement personnalisé. En effet, je me suis aperçue de l'alternance du « tu » et du « vous » dans leurs propos.

Vous savez, lorsque je suis à disposition pour ce travail, les interlocuteurs éthérés attendent leur tour, un à un, pour s'exprimer. Ne se présente, en l'occurrence, qu'un émetteur à la fois, car je ne saurais que faire d'une cacophonie.

Mais aujourd'hui, l'enthousiasme de mes associés était si palpable que je me sentais en réunion de groupe motivé.

Pouvez-vous vous représenter ce genre de scène ?

La scribe était assise, plume à la main. Chaque intervenant dégageait une énergie spontanée et les idées fusaient littéralement.

« Ah, à mon tour ! À moi maintenant ! ».

Tout ceci dans une synchronisation parfaite pour que mes sens soient en mesure d'absorber le contenu sans difficulté. C'était un moment de Joie et de Collaboration.

Oui, ce livre est le fruit d'une Collaboration.

Et je dois reconnaître que mes co-auteurs cosmiques font preuve d'une précision et d'une patience indescriptibles. Ils trouvent toujours le moyen de faire passer leur message.

Que cela soit à travers des images, des sons, des propos audibles, des odeurs ou des signes dans le quotidien. L'ingéniosité dont ils font preuve m'épate complètement.

Une pause d'une heure.

Je me sens en mesure de poursuivre si quelqu'un désire prendre la parole.

Un Tsunami d'amour me submerge en une fraction de seconde et me voilà liquéfiée. Je suis transformée en fontaine. Quelqu'un n'attendait que mon feu vert pour interagir avec moi.

Il me prend contre son cœur et toute forme de résistance part en fumée.

J'éclate en sanglots incontrôlables, secouée par tant de bienveillance et d'amour inconditionnels. C'est un Bulldozeur d'Amour qui se présente à moi. Un baume de douceur recouvre mes cicatrices et j'entends des paroles emplies d'un infini respect.

Je sais intuitivement qu'il me faut retranscrire ces propos et je m'efforce, à travers mes lunettes embuées, d'écrire ce qui m'est transmis.

« Je suis le Père, le Fils et le Saint esprit.

Je n'attendais qu'un signe de toi pour me mettre à l'œuvre.

La Trinité.

Je suis fidèle et je connais tes souffrances.

Là où il y a le Trois, je suis là.

C'est mon signe pour toi. Le signe que tout va bien.

Tu es sur la bonne voie. Voix. Ta voix.

Fais-la entendre. Je passerai par toi.

Je n'attendais que ton absolue confiance pour m'immiscer dans ton cœur.

Poser un baume sur ce cœur écorché par le parcours.

Sois juste assurée que tout a un sens, même ces marques que tu portes.

Le Trois est la Trinité.

Chaque Trois que tu as vu représente le lien qui nous unit.

Pose ta main dans la mienne et je te mènerai à bon port.

Contre vents et marées. Toutes les turbulences n'auront jamais raison de mon Amour.

Je marche avec toi. Je te guide pas à pas.

C'est bien que tu lâches les rênes.

Car seule, une terre souple comme la glaise peut prendre la forme d'une œuvre d'art.

Car ainsi es-tu.

Aie Foi. Aie Foi en ta conscience.

Sois forte et nous accomplirons de grandes choses.

Tous unis pour le plus grand Bien.

J'attendais que tu soies prête. Je ne force jamais la main à quiconque.

Respire. Je ne suis pas pressé.

Tu es déjà guérie. Ta Foi t'a guérie.

Vas et transmets à tous. La bonne nouvelle. Car elle concerne Tous. »

Merci.

Je suis transie. Un froid polaire.

Cette intervention est impossible à traduire en mots. Je ne trouve pas de termes assez forts pour vous exprimer ce qui s'est produit. L'impact de cette présence Immensément Glorieuse et Puissante. ***Jésus.***

Je ne peux évoquer son nom, ***Jésus, Jeshua,*** sans me liquéfier à nouveau. Bouleversée par tant de Magnificence, un torrent déferle sur mes joues. C'est indescriptible.

Chers Amis, ce message est pour vous.

Soyez perméables. Laissez-lui la place pour agir et vous aider.

Accueillez cette Bénédiction.

Vous souvenez-vous d'***Adel*** qui m'avait mentionné le chiffre **33333…** ?

Et qui m'avait indiqué que ce numéro était significatif ?

Je n'en ai pas reparlé mais il se trouve que durant ces dernières semaines, il apparaît constamment sur ma route.

Je regarde l'heure ? 13 heures **33**.

Total du repas ? **33** euros.

Reste de batterie ? **33** pour cent.

... Ce numéro m'a interpellée souvent puisque je le voyais partout.

Maintenant, je sais pourquoi.

« Je trancherai avec le Feu de la Vérité. » me dit ***Jésus.***

31. Pardonner

Jésus m'enseigne. C'est midi.

« Pardonne-leur parce qu'ils ne savent pas ce qu'ils font. »

Je suis comme « dans » les yeux de ***Jésus*** lorsqu'il fut maltraité. Je vois à travers ses yeux alors qu'il est sur la croix. Je suis réticente et perturbée. C'est bouleversant, mais Il insiste sur cette compréhension. Il m'explique.

« Amour. Toujours partir de l'Amour. Seul l'Amour compte.

Je les aime tous. Tous sans différence.

Pardonner, c'est guérir.

Pardonner, c'est lâcher.

Laisser coulisser librement tout rouage grippé, car les accros blessent. Ils faussent.

Ils irritent le coeur des Hommes.

Limer.

Pardonner, permet de limer les pics pour adoucir les échanges.

Pardonner est un acte profond qui guérit. Récepteur, émetteur et toute l'Humanité.

J'ai pardonné car je suis l'Amour.

Sois sereine. Tu te débrouilles bien.

Oui, tu transmets. Regarde.

J'ai fait face à la peur.

Celle des gens effrayés, pétrifiés d'angoisse. De pauvres créatures mortes de peur.

Si tremblantes de terreur, qu'elles ont cherché à m'éliminer.

M'exécuter moi qui reflétait ce miroir insoutenable, celui de leur peur la plus profonde.

Ils ont rejeté leur peur et m'ont attaqué avec violence.

Ne crois-tu pas que j'aurais pu m'extraire de ce châtiment cruel ?

Pourquoi endurer cela ? Pour montrer.

Pour montrer la porte de sortie aux Humains.

La sortie de l'aveuglement de la peur.

Pour mettre en lumière l'inverse de la crainte.

Pour transiter sans haine dans le Pardon le plus total.

Même poussé dans l'ultime souffrance, l'Amour vainc.

Vois-tu ?

Même dans l'ultime souffrance, l'Amour vainc.

Comprends-tu ?

Changer le monde implique l'injection d'Amour, quelque soit la violence de l'attaque.

Saisis-tu ? Montrer le chemin.

Aimer. Pardonner. Transmuter et Connecter les Humains à la Source.

Intermédiaire.

Je suis le médiateur de la Paix. Je suis Tout. Je suis proche.

J'ai pris sur moi le poids des errances des Terriens pour aider les Humains à sortir de l'aveuglement. Montrer la voie.

Le Pardon même lorsqu'on vous tue.

Le Pardon absolu, car la Conscience règne et brille envers et contre tout mal.

Pardonner, c'est briser les chaînes.

C'est la guérison de tous.

C'est l'arrêt de la stagnation.

C'est l'arrêt de la mort du coeur. Le début de la Réparation.

Pardonner, c'est comprendre.

C'est apprendre. C'est grandir.

Transmutation suprême de l'énergie de la planète Terre.

Dis-leur que chaque pensée tournée vers la lumière guérit la planète et l'Univers tout entier. Propagation de cette vague au-delà, bien au-delà.

Chacun est responsable de sa pensée.

Choisir les pics ou le baume apaisant de l'harmonie est crucial.

Libre arbitre. Toujours et à jamais pour l'intégration de l'évolution.

Libre arbitre toujours et à jamais.

Absolue imprégnation de la Compréhension.

Pardonner implique de creuser, retrouver son centre le plus intime et faire voler en éclat toute forme de colère, de ressentiment.

Pardonner signifie honnêteté du cœur.

Evacuer toute peur, toute rage, toute tristesse, tout frein, tout bloc.

Pardonner, c'est laisser glisser avec fluidité, toujours et encore.

Pardonner, c'est la paix.

C'est la cohésion de particules de lumière. Pour ne faire plus qu'**UN**.

Les humains ont besoin d'exemples incarnés, aussi vulnérables et effrayés qu'eux qui saisissent la perche de l'Amour. De l'aide offerte.

Ma souffrance a permis de transiter les peurs des humains.

Médiateur de guérison, je suis.

Je suis la Guérison.

Je suis le Pardon.

Je suis la Paix.

La rancœur est un boulet noir plein d'aspérités qui dévaste tout.

La colère, un feu destructeur qui ronge en profondeur.

Que ces lames soient rangées et remplacées par l'eau cristalline de la Conscience.

Qui pénètre tout, nettoie, purifie, calme et adoucit.

Dis-leur de se réveiller à leur Pouvoir. Leur pouvoir de transformation.

Que chacun réalise sa responsabilité dans l'élévation de la vibration de cette planète magnifique et exceptionnelle.

Arrêt de la bêtise, de l'aveuglement et de l'égoïsme. Arrêt de l'Inconscience.

Fusion des êtres en une absolue harmonie. »

Merci.

Je questionne ***Jésus***et lui demande si je peux raconter ce qui m'est arrivé hier soir. Il accepte et m'accompagne.

Tard dans la soirée, j'ai voulu adresser une prière pour quelqu'un de cher...

Je ferme les yeux et je me sens propulsée dans des hauteurs incroyables en une nano- seconde. Je vois instantanément un endroit blanc et un demi-cercle constitué de personnes immenses et lumineuses qui me font face. Je suis dans un Conseil.

Sur ma droite se présente un « ***Gris*** » de petite taille. Du moins bien plus petite taille que celle des autres membres du Conseil. Il m'accueille et semble vouloir me prendre la main.

Je ne comprends pas ce qu'il fait en ce lieu.

Je réalise que ce groupe impressionnant est hétéroclite. Je ne suis jamais venue ici et j'ai l'impression que je suis montée trop haut. Je bafouille ma prière mais ne sais vraiment pas à qui l'adresser.

Puis, ***Jésus***vient vers moi. Je vois ses cheveux bruns et sa couronne d'épines.

Je vois le ***Jésus*** qui a souffert. Il s'approche tout près et pose sa couronne sur ma tête. Je sens cette couronne et son visage m'imprègne. Oui, je suis imprégnée de ***Jésus***.

C'est si fort que je veux rebrousser chemin. Je décide de m'éclipser rapidement.

Je descends et m'efforce de fermer la porte, fermer comme **S**. me l'a appris.

Mais le visage de ***Jésus*** m'imprègne. Je sens la couronne qu'il a posée sur ma tête. Je ne peux enlever la sensation. Elle est. Elle devient moi.

Mon cœur bat la chamade et je sens que je ne suis plus comme avant.

Puis je vais me coucher. Mais le visage de ***Jésus***est là, il m'imprègne. Je ne peux effacer cette image. Il m'imprègne. Sa couronne. Immuable.

32. Gris

Le lendemain, le ton change.

Un intervenant se présente. C'est un « ***Gris*** », un collaborateur dans un autre secteur. Il me dit évoluer dans une dimension travaillant en étroit lien avec le monde spirituel.

Son énergie est « factuelle » et « technique ». C'est un Scientifique.

Je m'apprête à transmettre.

Je suis une scribe transformée en glaçon, avant même d'avoir commencé, tant sa vibration est « costaude ». Un blizzard (bienveillant) cosmique qui secoue le cocotier !

« Tu formules correctement. C'est sérieux.

La pollution issue des pensées humaines se transmet à tout l'Univers.

Une contagion terrible. Ce brouillard grisâtre et épais entoure la planète.

Quelle enveloppe néfaste pour la Terre asphyxiée par ses locataires belliqueux !

Cette nappe dense se propage au-delà de cette galaxie.

Ses particules contaminent. Contagion destructrice.

La Terre a besoin de respirer, de vibrer.

Elle est constamment menée à mal par ce peuple si primitif.

Oui, c'est comme cela que tu dois l'écrire.

Il est vital, urgent maintenant, que cela cesse. Cela a assez duré.

Explique-leur ce que tu vois. »

Il me transmet cette image.

Je vois des particules non vivantes, non vibrantes, des minuscules particules qui se déposent partout, qui se collent sur tout ce qui existe. Sur les épaules des gens, leur tête, les feuilles des arbres, l'herbe.

Ce gazon vert est brûlé et il se désintègre au contact de ces particules nocives qui agissent comme de l'acide. Il ronge. Le vert des feuillages devient gris puis est détruit pour ne former que des cendres gisant au sol.

« Ces particules sont le fruit des pensées négatives des Humains.

Elles tuent. Elles détruisent les habitants de cette extraordinaire planète.

Et bien au-delà.

Que d'irresponsabilité.

De quel droit bafouez-vous ce lieu qui vous sert de gîte pour un temps ?

Pollution liée au pouvoir et aux guerres. Jeu de force permanent d'un peuple irascible.

Ces ravages ne sont que le résultat de votre arrogance.

Nous nous immisçons discrètement parmi vous pour limiter les dégâts.

Nous agissons dans le plus grand secret, car vous n'êtes pas prêts à reconsidérer vos positions de sitôt et votre mode archaïque d'interagir est trop dangereux pour notre race.

Nous ne nous exposerons nullement à vos armes car c'est le seul moyen de communiquer, dont vous vous servez pour l'instant.

Ainsi, usons-nous de stratagèmes pour éviter le pire.

Contenir la dangerosité de vos actions.

La planète a besoin de respirer, elle étouffe sous vos bêtises.

Mais elle est d'une force magistrale et pulse en son cœur.

Cœur recelant une puissance sans bornes.

Nous contenons, tels des parents attentifs, les égarements de votre peuple.

Nous cherchons à vous éduquer et vous permettre d'évoluer, puisque cela est nécessaire.

Il est temps que vous preniez soin de vos émotions négatives vectrices de ce smog grandissant.

Arrêtez le processus dès à présent.

Il est temps de faire marche arrière et de refaire la paix.

Paix dans vos cœurs pour la Paix sur cette planète.

Vous êtes liés. Vous êtes les gardiens provisoires.

Un jour vous ne serez plus en ce lieu d'une nature exceptionnelle.

Mais la Terre, elle, Sera.

Prenez soin d'elle. Comme elle prend soin de vous car, en son sein, il y a tous les remèdes dont vous avez besoin. Tout est là.

Cessez de briser votre habitat. Evoluez. »

J'ai l'impression d'entendre un ami familier. Oui, c'est un ami. Mon partenaire-informateur semble particulièrement heureux que j'écrive ceci.

Il ajoute.

« Tu es plus entière. Tu travailles avec rigueur et nous te remercions »

C'est moi, qui vous dis « Merci ».

Chers Amis, quand j'écris « rigueur et il me remercie », ce n'est pas vraiment ainsi. Pour être plus explicite, mon co-auteur se cale parfaitement sur mon état vibratoire, à l'instar d'un double, pour m'indiquer que le but est atteint et que la transmission est satisfaisante.

Que nous sommes en phase absolue et que nous échangeons avec une totale fluidité.

C'est un partage d'énergie en osmose, un vase communiquant. Mon interlocuteur n'use pas de formule de politesse, mais montre l'adéquation du partage d'informations à travers l'image de nos deux énergies hermétiquement scellées.

Sur Terre, cela se traduit en « travail accompli « et « remerciement ».

33. Message adressé aux plus rebelles

« Les « rebelles » à la reddition.

Non pas en vaincus, comme en temps de guerre, mais en enfants de lumière dans la Paix. Glorieux cessez-le-Feu.

Pas de perte. Uniquement une défaite de l'ego embourbé dans ses sacs de nœuds.

Seule, cette poubelle perdra.

Sa mainmise paralysante sera réduite en poussière pour qui choisira la reddition du chaos.

Le lâcher prise, ouverture. La brèche salutaire.

Une main tendue pour mener vers la liberté.

La libération de l'âme. »

Ceci me parvient dès la pose de mes doigts.

Ce sont des membres de familles différentes, passés de l'autre côté qui parlent. Ils sont nombreux et désirent communiquer des informations pour leurs *camarades* encore présents dans le monde physique. C'est un vaste groupe hétéroclite qui cherche à atteindre-communiquer avec les personnes de leur clan terrestre respectif, qui sont – pardon, mais ils le formulent ainsi – « têtus ».

Ils insistent : « tête brûlée », « kamikaze », « autodestructeur » sont autant de termes exprimés sur le ton de l'urgence.

« N'aie aucune réticence à retranscrire les propos tels qu'ils sont.

Ne cherche pas à enrober ce qui ne peut l'être.

La douceur n'est pas la solution toujours. Il faut savoir être direct et dur, ferme.

N'atténue rien, ce n'est pas ton rôle de jouer le politiquement correct.

Sois juste notre voix. Point. »

Bon, me voici mise au pas par une équipe déterminée à faire passer un certain nombre d'éléments. J'ai l'impression qu'on m'a rappelé ma place et je peux vous dire que ça ne plaisante pas !

Bon, je suis aux vos ordres, en mode militaire. Une première pour moi.

« Nous sommes oncle, grand-mère, tantes, cousins, frères, cousins germains, sœurs, amis, arrière-grand-père, belle-mère, papa, enfant. Nous avons trimé. Erreurs passées. Isolement et désespoir. »

Je m'arrête car je sens beaucoup de souffrance et mon cœur a mal. Je vérifie que ces âmes sont avec des êtres plus élevés, leurs guides.

« Oui, nous sommes à leurs côtés. Nous les menons plus haut.

Ils veulent partager pour épargner leurs proches sur Terre.

Leur éviter la même erreur, pour leur éviter ce passage.

Qu'ils puissent avoir la chance de monter directement. »

Je suis d'accord d'interagir avec eux mais faites le bouclier, unique moyen d'assurer le travail : ne pas être atteinte pour rester objective.

Pardon, mais je suis touchée. Il faut que je respire.

Les Guides : « Ils veulent lancer des lassos pour récupérer leurs proches à la dérive.

Ceux qui glissent vers le précipice de la tourmente.

Ces êtres repentis sont avides de communiquer.

Ils savent tant de choses à présent et s'époumonent.

Oui, ils hurlent littéralement à leurs proches pour les avertir.

Les informer de l'impact de leur obstination. Mais les Terriens ne les entendent pas.

Ces âmes ont beau crier, secouer, personne ne percute sur le fait qu'ils leur font signe, encore et encore.

Comprends leur avidité à vouloir tout faire passer par toi. »

Désolée, je vais l'accomplir, mais je ne veux pas transiter cela dans mon corps. Il me faut le bouclier. Je saurai faire mon travail.

« Très bien. Dis-leur de visionner « Notre Demeure » de Chico Xavier [1]

Pour qu'ils aient des notions pour l'après-vie.
Le marasme du début du film peut les perturber.
Il faut que tu les éclaires.
C'est ainsi. » Annoncent les guides de ces âmes.

Les membres : « Oui, nous sommes allés là.

Nous ne t'amènerons pas ces compte- rendus personnels, comme tu nous l'as demandé.

Nous avons besoin de ta voix et comprenons combien notre charge te donne la nausée. Traduis le début du film. Nous te prions de traduire. »

C'est un peu lourd. Je crois que je dois juste digérer un peu. Excusez-moi. Je viens de me lever pour souffler et je me vois dans une glace. Mon teint est livide.

Un repas est obligatoire pour plomber la bête et offrir le temps d'une discussion au sommet. Il me faut changer le mode opératoire et je formule mes conditions. Parfaitement. Je négocie mais suis intraitable sur certaines règles implacables.

Navrée, mais je ne me sens pas prête à faire office de transmetteur sans filtre et réceptionner trop d'informations pénibles.

1. Film brésilien réalisé par Wagner de Assis sorti en 2010 adapté du livre « Nosso Lar » de Chico Xavier publié en 1944.

Un porte-parole au tapis et couverte d'ecchymoses, ce n'est pas le but.

Je ne peux pas aller *partout* pour le moment.

Voici ce qui s'est produit.

Les âmes-membres qui désiraient partager avec moi venaient du « Haut » et la communication s'amorça. Mais dans leur envie et absolue détermination à avertir leurs proches de ce qui existait derrière le voile – lorsqu'on est loin de la lumière sur Terre – elles ont voulu m'emmener pour un tour guidé de leurs ténèbres passées (dans l'au-delà) !

Je fus prise de court car je n'avais pas signé pour une descente !

Je veux bien traduire, mais ressentir les informations imprégnées de leurs égarements me parait inutile et contre-productif car cela affecte mon corps trop durement.

Comme demandé, je vais m'atteler à « traduire » le début du film et apporter l'éclairage suivant.

Si vous êtes en conflit avec vous-même, que vous êtes triste, perdu, désespéré et que vous refusez de recevoir toute lumière durant votre temps terrestre, vous retrouverez exactement la même chose de l'autre côté.

Quand je dis lumière, cela signifie amour de soi et ouverture.

Comprenez ! Le libre arbitre.

On ne force jamais la main mais la main est tendue, constamment.

Le lieu de dévastation derrière le voile est la création de vos pensées.

Ni plus, ni moins.

Dès que vous acceptez l'aide, la lumière, l'ouverture, tout change instantanément.

En un éclair. C'est aussi simple que cela.

Les membres qui s'étaient adressés à moi, n'étaient pas au courant de cela avant leur mort et ont dû languir dans ces noirceurs « longtemps » (il n'y a pas de temps!) de l'autre côté. Elles sont restées dans ce lieu lugubre, empli d'émotions négatives jusqu'à ce qu'elles aient compris, lâché leur noirceur intérieure chargée de peur, de colère, de tristesse.

Il suffit de demander et la main sort l'âme de ce marasme en une fraction de seconde.

Oui, rappelez-vous de cela, c'est fondamental.

Ces âmes voulaient me donner tous les détails de leur passage dans cet espace sans espoir pour que cela provoque un électrochoc à leurs proches embarqués dans les mêmes bêtises que les leurs sur la planète Terre.

Mes réactions physiques mettent en évidence la nocivité de telles énergies. Nul besoin de retranscrire ce gratin indigeste et toxique dans ses moindres détails. Je résume : envie de vomir. Impression d'être cabossée, passée à tabac. Piétinée au sol. Un vrai ring de boxe!! Non, ce n'est pas cool, les gars! Ce n'est pas cool du tout!

Je suis d'accord de reprendre mon rôle mais uniquement à très haute altitude avec un bouclier massif, voilà mes conditions!

Ah, j'aimerais ajouter ceci : ce que je viens de raconter n'est pas destiné à susciter de la crainte. Non, non et non.

Il n'y a que l'enfer de vos illusions de l'autre côté, votre propre création.

Rappelez-vous simplement d'être ouvert et de demander!!! Bon sang, ce sera le « ticket » pour la montée! Gratis le ticket de surcroît!!

« Merci ma chère, on ne te savait pas si solide. Tu nous surprends.

On pensait pouvoir t'emmener et te faire traverser nos expériences mais tu es moins poreuse qu'autrefois. Toi aussi tu apprends.

Nos guides rient. Oui, ils ont le sourire.

Ils t'ont un peu testée pour voir si tu allais poser tes limites. Ils sont contents.

Une lionne sommeille en toi, c'est ta meilleure alliée.

Oui, tu es forte et nos guides se réjouissent que tu aies su t'écouter. Et non pas te sacrifier comme tu l'aurais fait jadis.

Ainsi, cette transmission sera de qualité, puisqu'elle respecte ton intégrité physique, émotionnelle et spirituelle. ».

— Je ne pensais pas qu'il s'agissait de moi. Ce processus est pour vous.

« Non, tu es nous et nous sommes toi.

Tu te respectes et nous sommes nourris.

Tu t'aimes, tu te mets en premier et nous tous sommes aimés. Comprends-tu ?

Toute violence envers soi, même pour une cause semblant noble, est fausse route.

Abnégation fausse route. Seul l'amour de soi est Juste.

Aucune excuse, aucune déviance de cette Vérité.

Tu as saisi ta leçon et fais ton choix.

Tu as décidé de t'aimer. Ainsi est-il Juste.

Se sacrifier, se malmener, se mettre de côté, négligence de son âme…Erreur de programmation !

Dis-leur ceci. Avec force, ma chère, comme tu as su nous mettre des limites.

Nous qui outrepassions la capacité de ton enveloppe matérielle. »

Ils ont raison. J'ai la sensation de m'être transformée pour l'occasion en un combattant de bras de fer. J'ai cessé de me laisser mener par le bout du nez. Voilà mon cours.

Décidément on apprend sans interruption.

J'impose une pause. Tout ceci m'a fatiguée. Du calme.

Une heure s'écoule.

Une petite dose de chocolat et je suis d'accord de canaliser à nouveau.

Les membres : « Pardon, on ne voulait pas te mettre à mal. Nous ne savions rien.

La mort est un sujet bien tabou dans le monde physique. En tout cas, pour nous tous ici, ce fut le cas. Nous n'étions nullement préparés à cette continuité, elle nous a pris par surprise.

Nous sommes groupés autour de toi aujourd'hui, car nous avions une envie commune.

Aider les Humains à effectuer la transmutation sur Terre que nous avons finalement réussi à accomplir dans l'après-vie.

Nous y sommes parvenus à la suite d'une errance prolongée de ce côté (derrière le voile). Nous n'aurions pu contourner ce passage, car nous n'avions aucune notion. Aucun repère, aucune idée, juste une ignorance totale.

Si la mort pouvait être évoquée sur cette planète de manière plus naturelle, comme une continuation de la vie, – ce qu'elle est –, les Terriens seraient informés.

Que les langues se délient. Que la peur s'efface devant cet inconnu merveilleux.

La fin de l'existence corporelle est recouverte d'un manteau d'ignorance.

Pourtant nombre de témoignages offrent à présent une ouverture.

Mais les Humains préfèrent bien souvent la familiarité de leurs souffrances à la beauté de l'inconnu. Nous aussi.

Nous avons peiné avant de saisir.

Baisser notre paravent pourri de tourments fut un élan salvateur.

Les guides surent toucher nos cœurs à travers la micro-fissure de notre résistance néfaste et nous fûmes remontés, telle une flèche de Feu.

Fendant sans effort les couches et les couches de gris, gluantes et asphyxiantes.

Jamais nous ne voudrions savoir nos proches traverser ce champ de ruines. Jamais.

Ainsi t'avons-nous un peu bousculée.

C'est si rassurant, libérant de pouvoir s'exprimer.

Ceci pour atteindre la Terre car nul ne nous perçoit.

Pourtant nous nous démenons pour attirer l'attention de nos bien-aimés.

Les plus rebelles sont souvent les plus meurtris.

Certes, il y a des âmes qui ont choisi la mauvaise route pour d'autres raisons.

Nous nous adressons aux âmes rebelles, celles franchement maltraitées par leurs pairs,

celles qui ont été trop cassées, qui ne se sont pas crues dignes d'Amour, car les Humains n'ont pas su le leur montrer.

Les êtres brisés par l'inconscience des Terriens, qui ne connaissent pas la recette de la transmutation. Celle, que nous avons dû apprendre ici, hors de notre corps.

Nous-mêmes ne pouvions aimer ainsi nos proches, puisque nous ne savions pas le faire pour nous. Nous n'avons fait que perpétuer le mode que nous connaissions, issu des générations de notre lignée.

C'est de ceci qu'il s'agit.

Quitter traditions obsolètes. Coutumes hors de propos, si elles ne sont porteuses de vie, de Vie véritable, de la joie de Vivre. Vibration.

Qu'ils vibrent de vie sans être paralysés par des carcans inutiles.

Joie et vibration.

Que les cabossés de la vie se rappellent que l'Amour est en tous.

S'ils n'ont pu être aimés et ont reçu des poignards en guise d'amour, il leur faut se donner la chance.

Ce qui ne put venir de l'extérieur, qu'ils le trouvent en eux dès à présent.

Au lieu de se renfermer- involution, ils doivent s'ouvrir-évolution.

Pas facile quand on a trop encaissé.

Qu'au fond de leur cœur, ils s'écoutent. Devenir leur meilleur ami.

Dis-leur que nous qui avons à présent compris, nous nous tenons prêts à les soutenir.

Nous qui ne savions aimer, nous leur soufflerons des informations dans leur cœur.

Qu'ils écoutent leur cœur.

Et si des signes les interpellent, qu'ils sachent que c'est nous.

Nous, leurs proches, qui avons saisi la leçon.

Nous voulons participer à ce livre car nous avons dû apprendre à travers bien des souffrances. Ce n'est pas toujours nécessaire. Non, tout est possible.

Des évolutions peuvent être fulgurantes chez nombre de rebelles.

Rebelles assommés par les âneries. Ce sont ces pollutions stockées dans notre inconscient provenant de générations et de générations passées non insufflées de lumière qui poussent les Humains à réitérer les souffrances.

Les Terriens sont souvent emplis de bonnes intentions mais le contenu de cet inconscient non réglé les manipule, telles des marionnettes. Ils ne savent pas ce qu'ils font.

Ils font mal sans le réaliser car non conscients de ce que cet inconscient génère et contient.

Que cette boîte de pollution soit prise en compte et que les Humains ouvrent les yeux.

Si tu es meurtri, en colère, inatteignable car saturé de toutes ces âneries, cesse de te faire souffrir davantage. Ne t'inflige pas ce que d'autres t'ont fait endurer.

Ton centre est un générateur à lui tout seul, qui peut attirer un changement pharaonique.

Ainsi as-tu le choix.

Ecoute et décide d'ouvrir un espace, peut-être pas aux Hommes, mais à ton intuition.

Là, serons-nous. Nous les repentis qui t'attendons.

Dis-leur d'être attentifs, vraiment. Tu notes, n'est-ce pas ?

Que leur voie soit caressée par la plus douce des brises.

Un souffle d'Amour provenant de nous tous. »

Fin de la transmission.

Merci pour leurs efforts.

Ils vous aiment profondément, vous qui lisez ceci.

Cela demande beaucoup d'énergie de leur part de se faire comprendre.

Leur désir de participer de la sorte m'émeut.

Je peux vous assurer que leur Amour pour vous est gigantesque.

Trois jours. Trois jours sans m'approcher me mon clavier. Mon travail a ébranlé mon corps physique et j'ai été contrainte de m'octroyer une longue pause. En effet, j'ai été terrassée de douleurs à la nuque qui ne semblaient pas être d'origine mécanique. Mon véhicule terrestre avait du mal à séquencer des vibrations aussi hautes. Mon enveloppe matérielle avait besoin de temps pour digérer ces informations car elles laissaient une empreinte trop percutante dans mes cellules et ce processus d'intégration nécessitait une interruption provisoire d'écriture.

Aujourd'hui, les tensions se sont envolées. Je suis à nouveau apte à transmettre.

Je regarde l'heure : 13 heures 03.

34. Mains fidèles translucides et fermes

Une image. Plusieurs flashes de mains tendues à profusion. Provenant du Haut vers plus Bas. Des prises solides qui ne cèderont pas, pouvant faire office de courte échelle.

Des mains en mesure de tirer un individu hors de sa crevasse avec efficacité. Une poigne ferme qui tracte vers le rivage un naufragé éreinté. Deux bras entourant la taille d'une âme esseulée, frôlant dangereusement le bord d'une falaise.

« Nous sommes la multitude de mains que tu vois.

Ces mains, c'est notre signe.

Nous sommes toutes ces ancres blanches à disposition et prêtes à intervenir pour qui demandera notre aide.

Ces mains tendues sans conditions, dans tous les recoins de ce monde physique. Transparentes mais puissantes.

Elles déplacent les obstacles pour qui a confiance, une confiance véritable.

Demande, tu recevras car le libre arbitre est roi.

Nous n'intervenons pas à moins d'y être invités.

Nous respectons vos choix et nous ne faisons aucune incursion dans votre liberté, ainsi votre évolution ne subit pas de heurt.

La pure évolution est conscience.

Chaque blessure ou souffrance est potentiel de croissance de conscience.

Ceci, afin de s'extraire de cette fausse route.

Cette maltraitance, ce passage anti-vie. Susceptible d'être le moteur de la transformation ultime vers pur Bien-Être.

Libre choix de prendre ou de laisser.

Choix. Toujours choix.
Mais, dis-leur ceci.
Ceci est une opportunité de contourner l'assommoir. »

L'assommoir ?

« Oui, ce qui met les gens au sol.
Ce qui les écrase dans la poussière et les empêche de se tenir Grand.
De se tenir Droit, droit de tout leur être.
Droit de toute leur Absolue Dignité d'être vivant.
La Gloire d'Être.

Dis-leur ceci.
Ainsi auront-ils la lucarne sur cette vérité.
Dis-leur que la perche est tendue à tous équitablement.
Tous sont nous.

La seule différence est la Conscience.
Larmoiement perpétuel, inconscience.

Energie basse en continu, inconscience. Choix délibéré.
Nous propulsons.
Oui, nous pouvons faciliter l'accélération de l'évolution pour qui est d'accord.
Oui, aucun doute, sinon la porte nous est hermétique.

Rappelle-leur que chacun a son aide.
La progression est le sens de cette expérience et l'Amour la destination et le chemin.
Amour.
Absolu Amour dont ils ont effacé la notion au profit de broutilles, futilités et vent.
C'est une brise qui passera.

Ecris ceci.

Le temps des superficialités est révolu.

Chacun devra faire face. Tôt ou tard, face à lui-même.

Ainsi est l'évolution.

Un miroir limpide reflétant toutes les zones.

Tout ce qui est caché sera amené à la lumière sur un rythme très élevé.

Nettement plus vite.

Qu'ils soient préparés et informés.

Nul ne passera à la trappe car chacun est concerné. Aucune exception, aucune.

Prépare-les avec ces paroles que nous te dictons.

L'aide est là.

Dis-leur de sentir les perches tendues.

Pas de hasard, mais des signes.

Multipliés car le temps presse pour les Humains.

Ils se doivent de les suivre, pour eux.

C'est leur seule chance, car la Terre modifie sa vibration et ils ne peuvent survivre sur l'ancien mode fréquentiel.

Ils risquent de se briser intérieurement par la pression des non-résolus, des nœuds colmatés.

Ils risquent de ne pas pouvoir gérer.

Ainsi, qu'ils commencent, dès à présent, à voir les mains tendues.

Qu'ils s'emparent de cette corde céleste pour monter. Il le faut.

Ce n'est plus l'heure de stagner.

Des lucioles dans la nuit, éparpillées dans tous les lieux du monde.

Que la lumière se propage et que les mains soient utiles.

À qui sert une main si nul ne désire sortir de son trou ?

Oui, certains aiment leur désespoir car il est familier.

Oui, certains le choisissent car ils ont peur de ne pas exister en dehors de leur souffrance. Fausse route et totale Illusion.

Ils s'obstinent dans le fond du ravin que sont leur peurs et tristesses.

Ils s'y sentent en terrain connu et préfèrent le passé que l'avenir radieux qui peut leur être offert.

Assis, tels de petits enfants bornés, ils creusent leur propre trou.

Dis-leur, chère, dis-leur ! Parle fort !

Sois cette voix, dans cette écriture lumineuse, provenant de nos mains.

Oui, nos mains attendent le moindre signe d'ouverture pour intervenir.

Le feu vert des humains.

Chacun a une main qui l'attend. Chacun sans exception.

Premier pas.

Mais ensuite, ils ne se doutent pas de notre puissance, de l'amplitude que peut prendre cette Foi, cette Confiance.

S'ils savaient, ils auraient peut-être aussi peur de cette puissance.

Oui, la peur. Toujours et encore, la peur.

Moteur sur Terre qui brouille les esprits. Nourrie tous les jours par la foule inconsciente.

Manipulation de masse. Ils sont des marionnettes vulnérables tenues par la peur.

Peur générée en continu, telle une hypnose générale.

Foi implique confiance absolue.

Peur signifie fragilisation.

Dis-leur de s'abstenir de ce conditionnement de masse.

Tout ce qui est imprégné de peur est poison, s'immisçant à bas bruit dans leur âme, leur retirant leur pouvoir.

Qu'ils se réveillent et deviennent plus forts.

Forts dans la lumière. Actifs de lumière. Actifs de Vie.

Nous les aiderons à ne pas sombrer lorsqu'ils prendront le chemin d'ouverture.

Nous les porterons, s'il le faut.

Nous ne lâchons jamais la main.

C'est les Humains qui la lâchent en premier et se lamentent.

Dis-leur que nous ne lâchons jamais la main et répète que c'est les Humains qui lâchent en premier !

Ainsi, qu'un individu décidé à monter en vibration sache avec absolue conviction qu'il ne sera jamais abandonné par Nous.

Jamais jusqu'à la fin de l'éternité.

Nous serons toujours à ses côtés contre tempêtes et cyclones.

Nous serons à jamais à ses côtés. »

Merci.

Je réalise que mes Guides m'aident, en l'occurrence, avec ma difficulté personnelle. En effet, je dois m'améliorer dans le secteur « ancrage », car ces messages élevés m'emmènent haut dans les cieux. Ceci m'oblige à travailler cent fois plus fort l'adhésion au sol et cet exercice n'est pas encore maîtrisé.

Apparemment, mes co-auteurs ont tenu compte de ce paramètre et ont clairement baissé le volume de transmission aujourd'hui. Mon corps en est reconnaissant.

Après l'écriture, j'entends : « Cette création commune est une Fête, une Communion. »

C'est vrai. Je n'ai jamais été aussi heureuse que depuis que je sers de cette façon. Je savoure chaque journée et je me réjouis d'apprendre.

Je suis enfin à ma Juste place.

Ils reprennent.

« Qu'ils ne s'imaginent pas que tu es une illuminée.

Qu'ils ne croient pas que tu navigues dans une mer calme et sereine emplie de poissons multicolores.

Casser un mythe. Brise cela, sinon ils vont penser que tu es préservée.

Certes, tu es préservée, bien évidemment, mais pas de la manière dont ils peuvent penser.

Trahie, rejetée, abandonnée, malmenée, isolée, tout comme eux.

Tu sais ce que cela veut dire que de manquer de se noyer.

De plonger dans le marais de tes obscurités.

Tu connais le noir et ses ignominies.

Tu sais quelle est l'odeur de la jalousie et l'impact blessant du mépris.

Tu l'as expérimenté jusque dans tes tréfonds.

Tu as recraché les poisons de la méchanceté en opulence et tu as transpiré des peurs en quantité faramineuse.

Tu as goûté à ton propre enfer et tu en as visité la profondeur.

Tu as dû passer dans cette désespérante condition pour être en mesure de comprendre.

De comprendre et de montrer la voie. Ceci n'est pas en vain.

Tes ténèbres ont été éclairées par la Lumière car tu nous as suppliés.

Oui, tu nous as ouvert ta porte avec l'humilité de la confiance.

Telle une enfant innocente et confiante, tu as su écouter ton cœur.

La voix intérieure qui est connectée à nous.

Ainsi peux-tu comprendre la peur.

Toi, tu ne la connais que trop bien.

Les erreurs, tu en as commises encore plus que quiconque.

Ni plus, ni moins. Tu as juste su te souvenir.

Tu sais et tes passages laborieux sont utiles. Ils sont l'exemple.

Tu ne peux véritablement monter sans devoir descendre dans les entrailles de tes obscurités.

Une lampe suffit. Une minuscule lueur et tout change.

Tu le sais, tu l'as vécu dans ton corps.

Ton véhicule l'a imprégné dans sa structure.

Ce n'est pas en vain.

Transmuter est le sens.

Du plus sombre au plus clair.

T'ancrer davantage pour monter plus en hauteur sans chanceler.

Monter, appuyé sur du sable mouvant, est impossible.

Ainsi le sol se doit d'être sain.

Assainir l'appui au sol implique qui tu es Vraiment.

Sol malléable permuté en socle d'argile, solide comme le roc.

Tu connais le risque sournois d'un appui qui se dérobe.

Tu en as fait la difficile expérience mais tu as été témoin de merveilles dépassant toutes choses.

Tu as réappris la confiance de l'Axe.

L'Axe Vertical reliant à la Source.

Base d'une évolution en phase avec la Terre.

Syntonie parfaite. Harmonie de fréquence.

Oui, tu es la voix du Haut reliant tous les êtres.

Tous, mêmes les plus perdus.

Oui, tu peux comprendre, car tu as vécu.

Il est important qu'ils le sachent.

Qu'ils sachent que tous peuvent être éclairés ainsi. Par leur propre lumière.

Ce n'est qu'une question de progression.

Uniquement, une avancée progressive vers l'axe.
Axe vertical. Rendant à chacun sa liberté et sa puissance.

Pas de relais inter- humain. Instable appui !
Non, Axe Vertical à la Source.
Rempart ultime et Indépendance dans l'exécution de sa Mission.
Aucune souffrance n'est une excuse à la fermeture.
Chaque situation est une opportunité de braver sa peur et s'ouvrir à l'évolution vers une vibration supérieure. »

Merci pour ce message.

Hem, je n'avais pas très envie d'être inclue de la sorte. Mais je suppose que cela a sa raison d'être. Je me contenterai de retranscrire sans avoir d'avis ou de pudeur puisque c'est ce qu'on m'a exhortée à faire : simplement transmettre.

35. Rose et fleurs délicates

13 heures 13.

Ce matin, l'ambiance est toute autre. Un parfum de printemps emplit la pièce que j'occupe. **S**. est venu se placer de manière éthérée derrière moi, dès l'instant où j'ai accepté de commencer la communication.

S. est physiquement à l'étranger mais il veille sur moi constamment. Aujourd'hui, il met un point d'honneur à me protéger. Ses deux mains sont posées sur mes épaules, il accentue mon ancrage et je me sens bien dans mes chaussettes.

Un groupe lumineux se présente et une espèce de conciliabule commence. **S**. demande à ce que chacun aille particulièrement tranquillement avec moi, en douceur.

... Je reviendrai tout à l'heure sur la raison de ces précautions.

Une magnifique Présence attend et je suis honorée de lui servir de scribe incarné. Elle est la Douceur même et son énergie est un baume indescriptible qui restaure la fatigue.

C'est ***Marie. Sainte Marie.***

« Ne crains rien, mon enfant.
Je serai la douceur qui rase les pics.
La brise qui panse les plaies, le calme après la tempête.
Je suis la Mère de Tous.

Vous tous êtes chers à mon cœur.
Tous, sans préférence, sans différence.
Tous.
Je suis la Mère.
Un papillon qui se pose avec délicatesse sur vos paumes.
Lorsque les temps sont durs pour les Terriens, je veille.

Je regarde chaque âme avec la bienveillance d'une mère.
Oui, chacun.
Je suis la touche subtile, le doux mouvement du feuillage.
Mon odeur est celle de la rose.
Elle répare les cœurs.
Je suis la douceur dont chaque âme a besoin.
Qui guide avec le respect le plus imparable.
Je suis là.
Moi, la Mère.
La Maman.

Que les âmes esseulées se rappellent.
Elles ne sont pas seules.
Non, nul n'est seul, simplement le voile les empêche de voir.
De discerner l'indicible.
Légèreté mais force.
Puissance de l'amour d'une mère.
Je serai là où on m'invite.
Là où je ne serai pas appelée, je veillerai tout de même en silence.
N'attendant qu'un filet.
Un mince filet de demande de réconfort.
Je serai.
Un rose pâle je leur envoie car cette couleur apaise.
Un voile doux de réparation, de nutrition pour leur âme.
Une nourriture de Vie emplie de la douceur la plus précieuse destinée à tous.
Je suis la subtile impression dans le tourment.

S'il te plait, ma chère, annonce-leur que ***Marie,la bienheureuse Marie*** les aime et se tient prête à secourir quiconque le demandera.

Dans le cœur, pour éliminer les écorchures et meurtrissures infligées par les Hommes.

Dans la gorge, pour libérer une parole, porte de l'expression.

Entre les yeux pour dégager le voile qui les sépare de ma vue.

Le sommet pour y poser des fleurs, signe de leur appartenance à la famille qui nous unit tous.

Je caresserai, panserai sans discontinuer.

Car chaque être unique m'importe.

A une importance Infinie à mes yeux.

Chacun sera reconnu par moi. Chacun.

Ma chère, transmets ceci à mes bien-aimés enfants de lumière.

Je récolte les charges et les purifie depuis la nuit des temps.

Chaque parcelle d'incommode fardeau, je purifie.

Nul n'est nié. Nul n'est abandonné.

En vérité, je siège sur sa droite et je collabore à sa résurrection à la vie.

Lorsque les parfums de rose vous surprennent et stagnent discrètement autour de vous, c'est Moi, votre Mère à tous.

Le frisson délicat qui vous parcourt, lorsque vous m'appelez, c'est Moi.

Lorsque vous pleurez, car enveloppé de cette douceur merveilleuse.

C'est Moi.

Vous ne pouvez vous tromper.

C'est Moi.

Ce sera toujours Moi, n'attendant qu'un signe de vous.

Je vous aime, mes enfants.

Que la Paix gagne votre cœur et que la lumière orne votre esprit pour briller d'amour pour l'éternité. »

Amen.

Chers Amis, l'énergie que ***Sainte Marie*** distille est impossible à décrire.

Sainte Marie est la présence qui vous permet de vous reposer. De lâcher toute protection, toute retenue, car Elle aime et connaît les cœurs.

Son intervention est pour Vous.

Elle est également pour moi.

À présent, je suis encouragée à vous faire part de ce qui conduisit **S**. à m'accompagner d'un peu plus près aujourd'hui.

Comme je vous l'ai maintes fois répétés, cette écriture n'est pas anodine. Elle nécessite un alignement absolu, une écoute pure. L'augmentation vibratoire des messages semble aller *crescendo* au gré des semaines, ce qui implique une intensification de l'acuité de mes ressentis. Parfois, les contenus sont massivement percutant pour mon organisme et m'obligent à interrompre le processus pour intégrer les fréquences transitant par moi.

Ceci constitue un des aspects acrobatiques de cette transmission privilégiée.

Lorsqu'on évolue dans ces hautes sphères, on est baigné dans un environnement à très hautes vibrations. On devient extrêmement sensible à tout, on capte tout sur tout sans le vouloir.

J'ai fait, par exemple, l'expérience suivante.

J'avais clos l'écriture. Deux heures plus tard, une amie est passée en coup de vent déposer une clef chez moi. Je fis une bise rapide à cette gentille personne qui repartit aussitôt. Une interaction de dix minutes tout au plus.

Banal, non ?

Oui, sauf que j'avais soudainement envie de vomir, de la peine à respirer et mal au dos après son départ. J'avais perçu tout ce qui n'allait pas chez cette copine en quelques secondes. Cette dernière n'était pas plus chargée émotionnellement qu'un autre individu lambda, elle se situait dans la norme - si je puis dire. Mais, moi j'étais sur une fréquence très haute et ce décalage vibratoire considérable avec la fréquence « ordinaire » m'occasionna de sérieux désagréments. J'avais d'ailleurs également dû écourter un appel téléphonique d'une autre camarade quelques jours auparavant car le déphasage de nos vibrations respectives était trop grand.

C'est un peu comparable à quelqu'un qui vous assure que tout va bien, alors que vous sentez en détails tout ce qui se trouve sous le tapis... C'est difficile, cela sonne faux et vous affecte.

Le troisième élément laborieux à concilier avec le besoin d'ancrage est l'isolement impliqué dans ce processus. Pour être en mesure de remplir ce rôle, il est indispensable d'être à l'écart, extrait, dans une bulle.

Parallèlement il est absolument vital de retrouver la terre ferme régulièrement dans la journée.

Plus l'ascension est élevée, plus le collage des pieds dans le sol doit être costaud. Il doit être proportionnel, absolument proportionnel. Terre-Ciel en parfait équilibre.

J'ai traversé des périodes très exigeantes durant le processus d'écriture et ces différents paramètres devaient s'organiser et se réorganiser au fil des jours.

Par exemple, ancrage impliquait pour moi un repas avec des camarades, rire, partager. Mais en l'occurrence, j'étais seule (provisoirement) physiquement et les contacts humains pourtant furtifs que j'avais eus dernièrement étaient source d'inconfort... Alors que faire ?

Ce dilemme suscitait un stress existentiel en moi jusqu'alors méconnu et ressemblait à une montagne infranchissable.

Mais finalement, ce n'était pas si compliqué grâce à l'aide de **S**.

S. est un éclaireur. Il ouvre la Voie. Il indique la route la plus sûre à suivre et fournit le matériel, crampons inclus. **S**. est un Être extraordinaire.

Je suis humble face à ses connaissances qui me surprennent chaque jour.

Malgré le fait qu'il n'y ait pas d'individus véritablement en avance sur d'autres dans cette forme de réalité, j'affirme que **S**. a tout à m'apprendre en ce qui concerne la gestion de ces dimensions éthérées alliée à un équilibre sur cette planète.

Je vous assure que ce n'est pas une mince affaire. À ce niveau, il a une avance incontestable sur moi. Il m'enseigne tous les jours et je réalise à chaque instant sa visibilité phénoménale.

J'avoue que, sans son soutien, je ne suis pas sûre que j'aurais été apte à mener ce projet commun à bien, tant ce rôle délicat de médiateur est difficile à gérer.

Bon, donc hier j'ai connu un « crash » complet, heureusement transitoire.

C'était un jour de confusion- machine à laver en mode essorage et je n'en menais pas large du tout ! Devant mon profond désarroi, **S**. prit les rênes à distance et remit de l'ordre.

Il a... Comment procède-t-il ? Je ne peux pas vous le décrire, car je ne dispose pas de ses facultés. Je ne sais pas, les Amis.

Tout d'abord, il s'occupa de calmer mon système nerveux et je dormis à poings fermés trois heures en pleine journée ! Ensuite, d'autres remises à niveau furent opérées – je ne sais comment – et en fin de journée, mon ciel intérieur était bleu azur, sans le moindre nuage. Je fus littéralement ressuscitée !

En kit, déboussolée le matin. Sereine et rayonnante le soir.

Vous connaissez des gens qui sachent offrir de telles transformations en quelques heures, vous? À part les sorciers disposant de baguettes magiques?

...Le Magicien. C'est ainsi que nombre de personnes appellent **S**. et pour cause.

Lui, a une autre définition de ce qu'il propose : « Pas Magie. Technologie! »

Le passage houleux de la veille, explique pourquoi **S**. était présent en début d'écriture. Il s'assura que le rythme de croisière soit parfaitement adapté à ma sensibilité.

Je dois ajouter que mon unique interlocutrice éthérée du jour fut un vis-à-vis de choix pour m'aider à recouvrer mon centrage. Une véritable merveille.

Voilà, à présent, vous savez ce qui s'est passé.

S'il-vous-plaît, faites monter la vibration générale, les Amis!!

La vue est belle, là-haut! Et cela épargnera aux médiums et extra-sensibles de devoir effectuer des grands écarts cosmiques pénibles en permanence!!

36. La rondeur

Je vois l'image de tables rondes réunissant tous. Pas de carré ou de rectangle, rien qui ne puisse trancher abruptement. Non, seule la continuité se profile sous mes yeux.

Un flot ininterrompu, une vague qui glisse avec l'aisance d'un rêve.

Un Ange. Un Archange superbe dans une magnificence imposante.

Uriel, son nom est ***Uriel***.

Il pose son immense main, tel un flocon chaud et enveloppant, sur mon épaule.

« Je t'ai déjà visitée.

Tu connais l'imprégnation des Anges.

Voici ce qu'il m'incombe de te communiquer.

Ainsi connais-tu l'Empire du haut. Et connais-tu le pire ou « *pejor* » du bas.

Ainsi es-tu la jointure.

Vois-tu, ne peuvent être reliées les expériences non imprégnées.

Le pont du plus bas et du haut, la continuité.

Il renforce les liens des mondes subtiles et concrets.

La séparation se fait moindre et la transition devient plus facile, à condition que les « ponts » soient solides.

Retransmets ceci.

Peu importe la profondeur de la descente, la montée peut être fulgurante.

Cela est tributaire de la Foi.

Une Foi pure est un soleil en éruption, vois-tu.

Peu importe le temps. Peu importe les erreurs, si la Conscience vainc, prend le dessus, surpasse. Ainsi est-ce.

Confiance en Soi est une torche flamboyante brûlant toute souillure, toute trace de déchets aussi lugubres soient-ils.

Peuvent émerger de sinistres conditions les plus belles des réparations.

Ainsi, le but est atteint.

L'annihilation des lames qui lacèrent la chair.

U-R-I-E-L. Maintenant que tu entends clairement mon nom, poursuivons.

Je suis préposé à ton éducation. Pour l'éducation de Tous.

Je suis le professeur de la montée et de la descente.

Accepte que tout n'aille pas sur une ligne droite.

Arrondis, arrondis.

Accepter la rondeur signifie accepter l'arrimage progressif sans force.

Dans la totale harmonie.

L'arrimage à l'ancre de ton intérieur. Ton intérieur est relié à tous.

Tu changes, ils changent.

Tu avances, ils avancent.

Ainsi, arrondis.

Pas de jugement de vitesse, de choix, de quoique ce soit, puisque tout est rond.

L'angle, c'est le *mens*, le mental.

Parfois raide et intransigeant.

L'âme et le cœur forment un duo rond.

Comprends-tu ?

Le rond se fait lécher par le vent qui contourne ses bords avec fluidité.

Les angles sont des zones d'appui pour la résistance.

Appui fragile, qu'un cyclone soulève d'un revers de souffle.

Une simple bourrasque fait voltiger les angles.

Pointes acerbes de la vie. De la parole.

Que vos paroles deviennent des ronds.

Oui, des ronds.

Des formes et des couleurs sans pics.

Porter atteinte est l'inverse de la Vie puisque vous êtes tous reliés.

Tu fais du mal à autrui, tu souffres cinq fois.

C'est pour cela que tant de tes pairs sont atterrés et perdus en ce moment.

La fabrication humaine de paroles abreuve les Terriens de grenades qui coupent leur intérieur. Qui déchiquète leur santé cellulaire.

Les paroles.

Puissant médiateur qui se doit d'être honoré.

Savoir se taire.

Plutôt que de vociférer des paroles cinglantes.

Blessure à autrui, souffrance pour soi et pour tous.

Ils n'ont pas saisi le mal qu'ils se font.

Que la rondeur s'immisce dans les paroles et les actes.

Actes honorés et honorant la Vie.

Il reste beaucoup de travail pour qu'ils comprennent.

On ne peut perdre plus de temps précieux.

La planète est à saturation. Elle réagira.

C'est ainsi, elle réagira et les Humains endormis risquent. Ils risquent leur vie.

Ainsi transmets ceci.

Que chacun œuvre vers la rondeur.

Comprends-tu ?

Cassure de dialogue est trouble non résolu.

Pousser la conversations dans la zone obscure, libère les pointes qui font mal.

Mais peu sont à même de désirer aller en ce lieu douloureux.

Pourtant seul passage guérisseur.

Oter les pics venimeux.

Colère. Trop de colère coulissant de génération en génération.

Du feu traversant les lignées alors que l'eau éteint cet élément ardent.

L'eau de la rondeur.

Des paroles d'amour et de compréhension.

Des dialogues qui ne freinent pas sous le poids des déchets toxiques des non-dits.

Eau limpide de la rondeur.

Votre intérieur est de l'eau, vois-tu ?

Eau, Source de vie.

Je suis ***Uriel***.

La descente. Je suis là, pour aider la remontée depuis la plus basse des descentes.

Tu me connais.

Je suis l'accompagnateur des tréfonds qui connait les perdus.

Mais à chacun, je tends la lumière.

M'appeler par mon nom, précise la demande, car je suis dans l'axe de la montée-descente.

Je renforce l'axe pour les Humains.

Je suis la force qui évite les distractions pour qui choisit la voie de la vérité.

La voix de la vérité.

Lumière pure et arrondie.

Elle réunit et favorise l'ascension.

J'accompagne en haut et en bas. La transition.

Ouate, sens-tu ? »

Oui, je sens une ouate géante m'entourer, blanche et cotonneuse. C'est familier.

« C'était toujours ma présence.
Dans la montée des gens et leur descente.
Dans ce va-et-vient que la vie fait expérimenter.
Plus tu descends, plus tu montes.
Mais le choix ultime, c'est la rondeur vers la lumière.
Elle sera amenée à briller éternellement.
Peu importe le nombre de bas et de haut.

La Lumière est le sens.
Elle est la destination.
Elle est l'essentiel.
Elle est le Tout.
La lumière est le Tout. L'Absolu Tout. »

Merci pour ce message puissant.
J'ai l'impression que quelqu'un m'a branché deux électrodes de part et d'autre de mes tempes depuis le début de cette transmission. Mes deux lobes temporaux semblent fonctionner à plein rendement. C'est une sensation curieuse et nouvelle.
À présent, cette pression particulière s'estompe, puis cesse entièrement.

Une promenade d'une heure pour me permettre de décanter.

37. Gardiens

« Je t'attendais. »

Je suis dans un dôme. Le plafond est haut de plusieurs étages, peut-être sept.

Des écrans en quantité incalculable sont disposés côte à côte dans cet espace circulaire. Des personnes s'affairent devant ces images, indifférentes à mon observation.

J'ai l'impression d'être dans une tour de contrôle où sont étudiés de près les événements survenant sur la Terre.

Malheureusement, ce que je distingue sur ces écrans lumineux sont des cataclysmes, des guerres, des conflits et des désastres naturels. C'est un concentré de crises.

Pourquoi suis-je là ? Où suis-je ?

J'ai très froid et la chair de poule, caractéristique d'un *dialogue*, me gagne.

Un être se trouve sur ma droite.

« Nous sommes les gardiens.

Nous surveillons les méfaits des Humains.

Nous gardons un œil attentif sur la planète Terre. »

Ce que je vois me donne mal à la tête. C'est insoutenable.

« Tu es assez forte pour visionner.

Nous avons la technologie pour tout réparer.

Sois- en assurée.

Nous posons les limites aux expérimentations des Humains.

Peuple encore archaïque dans ses fondements de pensée.

Nous sommes à des années lumière mais cette planète est importante.

Elle est pleine de ressources uniques et nous ne laisserons jamais la population terrienne outrepasser la limite ultime.

À ce stade, aucun retour en arrière ne sera possible.

Ces messages sont une opportunité de recevoir l'avertissement.

La Terre ne sera pas laissée à suffoquer.

Les Humains doivent réagir et s'assagir.

C'est pour cela que nous interagissons avec eux discrètement.

Afin que la barbarie de leurs mœurs tombe en ruine pour laisser la place à l'assainissement.

Pour la planète, la nature, l'eau et les créatures peuplant cet environnement privilégié.

Nous agissons car il est crucial que cette destruction massive soit arrêtée.

Argent et autres monnaies sont les produits d'enfantillages.

Une feuille de bois. Ils luttent et se marchent dessus pour des feuilles.

Ont-ils conscience ? Apparemment, non.

Puisqu'une feuille imprimée, issue du bois, les pousse à détruire les forêts.

Folie et manque de cerveau ajusté. Cerveau disjoncté des véritables valeurs.

Peuple sanguinaire qui n'a pas de limite au niveau atrocités.

Plus primitif que les animaux.

L'homme est dangereux. Dangereux pour la planète et l'univers.

Modification progressive pour mettre un terme à cette dévastation générale.

Tu es juste témoin pour transmettre. »

J'interromps. J'ai mal à la tête et des étoiles devant les yeux. L'intensité de la communication est trop élevée et je n'arrive pas à suivre. Non, je suis trop bousculée physiquement.

Je regarde mon téléphone. Batterie 33 pour cent.

Vingt-quatre heures plus tard.

Batterie 3 pour cent. : « Une nouvelle ère se prépare. »

Mon vis-à-vis, non offusqué de ma fuite précipitée de la veille se tient prêt. L'énergie est forte, mais gérable. Contrairement à hier...

« Les Humains contiennent dans leurs gènes des mémoires de violence concentrées.

Leurs cellules baignent dans un ensemble d'informations cruelles depuis des générations extrêmement anciennes.

Ils fonctionnent à partir de cette base de donnée commune à l'humanité.

Le disque dur de leur programmation a été modelé par ces formes de pensée destructrice.

Ils ne savent pas que ce programme obsolète fonctionne en arrière-plan et conditionne leurs actes. Ils n'en ont pas conscience.

C'est un modèle automatique qui n'est pratiquement pas questionné.

Il fait partie intégrante de la base intrinsèque de chaque Humain.

Nous sommes amenés à modifier cette structure du programme préjudiciable car la détérioration s'accélère.

La mouvance destructrice ne fait que s'accroître et cela doit impérativement cesser.

Nous dé-formatons les Humains.

Nous défragmentons leur programmation interne et le remplaçons progressivement, au fur et à mesure de nos recherches.

Nous expérimentons sur les Humains, afin de procréer.

Nous créons une nouvelle race, un mélange de l'ADN de l'humanité et de la nôtre.

Hybrides. Conscience accrue pour corriger l'erreur actuelle.

Nous formons, grâce à nos tests, des combinaisons optimales pour un juste équilibre de la planète et de l'univers tout entier.

Informer les humains signifie permettre à ceux, étant en mesure de prendre, la possibilité d'accélérer.

Les Humains rigides et primaux ne pourront pas. Sélection naturelle.

La désolation sur les écrans est importante à visualiser, car c'est grave.

Gravité. C'est une affaire sérieuse.

Dépasser l'émotion, dépasser l'hypersensibilité.

Tu as été choisie pour transmettre car nous t'en avons donné les moyens depuis enfant.

Tu y es préparée.

Dépasse le conditionnement terrestre car nous t'avons donné la base solide pour être à même de contenir ces vibrations. Nous te permettons de contenir.

Désolation pour imprégner la gravité.

Ecris que c'est grave.

Note ce que tu visionnes à présent. »

Je vois des êtres humains avec des espèces de casques sur la tête, prolongées par une antenne. Ils sont plusieurs à être ainsi branchés sur cet appareil qui les relie à un générateur. Ils sont imprégnés. Ces humains sont imprégnés de la nouvelle base de donnée.

Je discerne une écriture défilant à toute vitesse sur les écrans, que je n'arrive pas à lire. Une écriture étrangère à la Terre. C'est un peuple hors-terrestre qui procède à des tests sur les humains.

Il y a des sphères qui tournent autour de ces Humains et les baignent dans un champ électromagnétique regroupant tous les spectres de la lumière. Un champ pénétrant leurs cellules qui apporte une lumière, une vitalité nouvelle. Les connexions intra- cellulaires sont plus perméables et les échanges accélérés. Vitalisés, les échanges sont rapides.

Je vois le corps de ces Humains devenir de plus en plus lumineux. En fait, je distingue, à l'intérieur de leur corps, tous les organes. Les poumons, même les plus petits vaisseaux sanguins. Je vois à l'intérieur comme si leur corps était un hologramme.

Leur cerveau est uniformisé. La lumière réveille et allume des secteurs non employés. Les lobes s'illuminent. Surtout les temporaux. C'est comparable à un rééquilibrage du cerveau.

Le frontal est moins proéminent en couleur et les temporaux plus électriques.

Je vois comme des mini décharges électriques. J'ai l'impression d'assister au « *reboot* » d'un ordinateur. Une remise à neuf avec un programme différent, plus rapide.

« La technologie.

Ce que tu vois, c'est de la technologie avancée.

Les Humains pourraient beaucoup apprendre de nous.

Certains ont pu accéder de leur vivant dans leur corps et d'autres n'ont pas accès.

Ce programme se propage sur Terre et rien ne l'arrêtera.

Il n'y a pas d'autre option.

Nous avons essayé par d'autres moyens de modifier la trajectoire destructrice des humains, mais cela va trop loin à présent.

Notre technique actuelle est le résultat de nombreuses recherches faites depuis des générations sur les Humains.

La race humaine est en contact depuis très longtemps avec notre peuple, mais elle a peu évolué. Peu par rapport aux besoins de la planète.

Le fruit de nos recherches nous a conduits à prendre des mesures drastiques pour préserver la planète sans devoir tout éradiquer.

Méthode progressive.

Les générations futures sont plus conscientes car imprégnées.

Elles sont parfois hybrides, déjà.

Leur conscience fera bouger les forces dans la direction de la reforestation, dépollution, absence de maladie et nouvelles technologies pour avancer ensemble.

Décris. »

Je perçois des particules contenant une espèce de clé « *USB* ». Bizarre. Oui, c'est comme un programme qui, lorsqu'il touche n'importe quel objet-créature-élément, en modifie sa couleur. Le contact remet en marche. Chaque contact crée un contact qui crée un contact et ceci à l'infini.

Une onde de connectiques technologiques. C'est comparable à un virus positif, une épidémie positive et vitale. Le signe de l'amorce d'un changement.

En totale profondeur pour la préservation du vivant. Je vois les herbes scintiller, la mer.

« La mer contient toutes les informations de l'Humanité. C'est la base de donnée. »

Je vois l'effet du contact du programme sur la mer et je visionne la planète entière qui s'allume. En soubassement. Cela s'infiltre dans les nappes phréatiques et crée un intérieur vital. Tout est transformé par cette clé.

« Contraste avec désolation.

Nous avons la technologie.

Les Humains doivent évoluer.

On ne peut leur laisser abîmer cette planète impunément car ils naviguent dans leurs égarements. »

Je vois des humains en combinaison blanche aux côtés des « ***Gris*** ».

C'est un « ***Gris*** » qui m'a parlé hier et c'est lui qui m'explique le nécessaire aujourd'hui. C'est un scientifique très sérieux qui ne connait pas les émotions. Il est technique, direct et n'a que faire des états d'âme. Son approche est pragmatique. Mais sa conscience est profonde en lien avec la vie et la planète Terre.

Ecologie. Ecologie et dépollution sont les points de mire. Pour préserver cette réserve naturelle unique. Une perle dans l'univers. Il y a d'autres planètes contenant de l'eau dans l'univers et viables. Mais la Terre regroupe un écosystème rare. Un lieu d'étude privilégié. L'air. La qualité de l'air est également étudiée de près. Les analyses sont infinies et poussées dans les recoins les plus insoupçonnés. Jusqu'à la plus petite cellule de toute créature existant sur cette planète. Des échantillons de vie terrestre récoltés puis décortiqués depuis des lustres.

Nous sommes disséqués et étudiés. Comme des fourmis. Nous sommes des fourmis pour ces êtres qui nous observent sous la loupe de leur technologie. Ils testent sans relâche.

Ces scientifiques sont bons.

« *Bons* » dans le sens qu'ils veulent créer une différence et donner une chance aux Humains d'évoluer. Ils sont d'accord de partager, mais pas avec n'importe qui.

Pas de perte de temps. Attitude pragmatique et scientifique.

Dans la Terre, au centre de la Terre il y a une activité. Des travailleurs y siègent. Aller-retour. Des aller- retours depuis le centre de la terre en lien avec d'autres galaxies.

Echanges d'informations depuis des générations. Pans occultés qui se lèveront et seront un choc. Un choc pour les habitants de la Terre.

« Il faut les préparer pour amoindrir le choc du contact. »

Je remercie pour le rythme que j'arrive à soutenir malgré mes mains moites.

« Tout l'écosystème peut être remis à neuf sans difficulté, mais il faut éradiquer les erreurs. Tout ce qui diffère du programme sera éliminé.

Tout ce qui n'est pas en phase sera enlevé.
Participation au projet ou élimination.
Choisir son camp.
Destruction-élimination.
Contribution-modification-évolution.

Ecris simplement comme je te le communique.
Leur inconscient fera le tri.
Comprendra qui devra.
N'élabore pas de phrases autres que ce qui t'est transmis.
Se reconnaitra. Le programme se reconnaitra.
Déclencheur de processus.
Ce message est un détonateur. »

Fin de la transmission.

38. L'Œuf

Deux jours se sont écoulés. Mes co-auteurs m'ont fait comprendre qu'il me fallait digérer et laisser poser le contenu des derniers messages. À présent, je suis disponible.

Une image.

Chers Amis, je vais comparer cette vision à un arbre. Ses racines sont larges et solides, s'ancrant jusqu'aux tréfonds de la Terre. Le tronc est un socle large dont l'écorce offre une protection contre n'importe quelle intempérie. Il est le rempart et le joint.

Les branchages s'évasent de manière dense et se mélangent avec le ciel.

Le haut est évasé, le bas est évasé.

Le centre est un canal imperméable à toute perturbation, météorologique ou autre, qui relie le Ciel et la Terre.

Une présence à l'énergie délicate et fine amorce l'éclairage.

« Image terrestre afin de pouvoir visualiser.

Prendre des exemples simples et faciles à comprendre.

Symbole fort et parlant.

Rappelle-leur que l'essentiel est énergie.

Transposer l'arbre en énergie.

Un être humain. Canal est le corps physique.

Les racines sont les imprégnations de l'expérience concrète, afin de se renforcer.

Attaches devant s'arrimer progressivement et profondément dans le centre de cette planète. Constituer un point d'ancrage à toute épreuve.

L'enveloppe matérielle se doit d'être soignée afin de la rendre solide et en mesure de protéger ses frontières contre toute intrusion parasite.

Limites claires et définies sans zone de faille ou de compromis.

Ceci, afin de ne permettre l'entrée à aucune attaque pouvant détourner de la lumière.

De la confiance. De la Joie. De l'Amour.

Les terminaisons dirigées vers le haut sont les antennes.

Les réceptacles de nos informations éveillant l'âme à sa mission.

Ainsi sont ces piliers décrits.

En vérité, énergie. Tout est énergie matérialisée.

Œuf.

Harmonie de cette forme qui crée un générateur reprogrammant à l'Originel.

Diapason cosmique distillant les ingrédients pour consolider ces piliers.

Multi- dimensionnel.

Géo-biologique. Emotionnel. Spirituel. Mental.

L'Oeuf est la Vie en devenir.

L'œuf est rond sans aspérités, seule une continuité est proposée.

L'œuf est le rappel de l'Initial, s'adaptant aux individus, en fonction du besoin du moment.

Racines, Connexions, Canal.

Réajustant sans cesse.

L'œuf est un accélérateur de l'évolution.

Il rétablit les ponts perdus, les connexions défectueuses et offre un rappel.

Un retour à l'Essence. L'Essence même qui nous relie tous.

Un objet physique matérialisé pour offrir le symbole et l'appui.

L'appui visible pour pouvoir être appréhendé.

Chacun son pont. Chacun son besoin.
Le Tout est en l'œuf.
Source du générateur reliant à l'axe de la Vie.
Axe de sa Vérité d'Être Immense.

L'œuf diffuse l'information.
Il imprègne tout individu et lui souffle la vie, ce que la Vie est vraiment.
Non pas ce que les Humains ont déformé par leurs caprices puérils et improductifs.
Que d'énergie potentielle pour qui peut prendre !
Que de réveils de Joie pour celui qui ose aller !
Aller vers le soleil signifie aussi rencontrer ses murs pour les transcender.
Transmutation permanente pour atteindre la pureté originelle.
Les ponts entre le Haut et le Bas sont possibles par les expériences vécues dans la chair.
Ne peut être solide que celui qui a conquis la boue paralysante des énergies basses pour émerger vers les cieux.

Haut-Bas. Haut-Bas, en une mouvance salutaire pour la transmutation vers un monde vivant. Empreint de Vie telle qu'elle est à l'Origine.
L'œuf est l'opportunité, la Porte.
Accompagnant à chaque étape de l'ascension celui qui participe à la lumière.
L'éclairage de ce monde physique.
Être incarné est un bien précieux lorsqu'il sert cette abrogation du passé.

Le sommet du Haut et le sommet du Bas sont reliés par le canal, transmutant l'énergie sans discontinuité. Mouvement de Vie effaçant les deux pôles pour ne former qu'une Unité. L'Unité de l'œuf contenant l'ensemble du Tout.

Le Haut, le Bas en un ensemble cohérent et constructif vers l'Amour.

Essence de l'Expérience.

Infini. Œuf, mouvement infini.

3 et 3 reliés-inversés créent une forme 8, symbole de l'Infini, tout comme la marque sur ton front. Infini.

Tu portes la trace de ton acceptation de transmutation dans ta propre chair.

La marque de tes égarements corrigés.

Aide-les et sois le témoin simplement. »

Je n'avais pas l'intention de narrer ce qui suit mais, puisqu'on m'enjoint de retranscrire, je vais m'exécuter car le sens de leur requête m'échappe souvent au premier abord. Je n'en discerne pas l'utilité instantanément mais je réalise que leurs instructions suivent une logique d'enseignement qui m'est révélée ultérieurement.

Tout comme vous, j'ai mes leçons à tirer de mes pérégrinations terrestres.

Il y a deux ans, je me suis faite opérer la peau du front par un chirurgien plastique.

Ne vous méprenez pas, ce n'était pas une démarche esthétique, mais la nécessité d'une ablation de lésion cutanée. L'expertise technique de cet éminent praticien me rassurait et je pensais pouvoir résoudre mon problème médical, ainsi que ma peur, d'un coup de scalpel.

Mais visiblement, mon corps avait une compréhension différente de mon mental et ne l'entendait pas de cette oreille. Il semblait saturer de mes décisions inadéquates et allait me le démontrer avec force !

Ce qui aurait dû être une intervention anodine eut des conséquences désagréables. En effet, la fermeture normale d'une plaie telle que la mienne, aurait dû se faire en quelques jours, tout au plus.

Mais mon organisme semblait protester avec vigueur contre cette énième agression et refusa avec obstination de cicatriser durant deux mois. Quelle ironie !

Moi qui passais mes journées à soigner des patients avec de bons résultats, je me suis retrouvée flanquée d'un pansement au-dessus du sourcil, camouflant un trou béant, pendant des semaines. Je tentais de faire bonne figure mais, au fond de moi, j'étais profondément désemparée.

Je me souviens à cette époque avoir regardé les gens vaquer à leurs occupations et m'être dit : « Ils ont le front fermé et ils ne se rendent pas compte de leur chance. Ils ne réalisent pas le bonheur que représente le fait d'avoir le front lisse. C'est un miracle, une peau saine. »

Cette situation fâcheuse eut raison de mon endurance et un soir, je craquai. Je cessai de lutter contre le courant et je lâchai enfin, prête à écouter. Réceptive à toute réponse pouvant me sortir de mon impasse. Et le retour de micro fut fulgurant.

J'entendis instantanément : « Tu ne guéris pas, car tu refuses l'expérience. Tu n'acceptes pas de vivre cette expérience. »

On ne peut être plus clair !

Je réalisai à nouveau que mes guides avaient le don des réponses limpides.

Ils avaient vu juste. Jusqu'alors, je m'étais sentie flouée. Je trouvais tout cela injuste et j'étais fâchée de devoir vivre cette situation.

Moi, qui avais navigué pendant vingt-cinq ans dans les soins, je devais me rendre à l'évidence que quelque chose d'important m'échappait à mon sujet. Et mon égo en souffrait.

Le relâchement magistral de la révolte intérieure que je vécus ce soir-là, signa le début de la guérison.

Il est à préciser que je me rendais depuis six semaines, à raison de trois rendez-vous hebdomadaires (!), chez le médecin pour la surveillance de ma cicatrisation qui avançait à la vitesse d'un escargot non pressé. Or, le surlendemain de ma « *discussion au sommet* » il m'incombait de retourner dans son cabinet comme à l'accoutumée.

J'avais accumulé tellement de craintes en lien avec l'état de ma peau, que je ne pouvais m'empêcher d'être stressée. Je tremblais littéralement.

Soudain, j'eus un *flashe.* Je fus rappelée avec fermeté de maintenir le dialogue avec mes Guides pour qu'ils m'aident et surtout, de tenir tête à la panique. Panique qui m'avait retenue en otage si longtemps.

Je vous assure que mes associés se tenaient prêts.

Le chirurgien souleva le pansement et esquissa un sourire joyeux en s'exclamant : « Ah, vous pouvez dire merci à votre corps, quelle accélération ! Continuez ce que vous faites. Plus que deux millimètres et les extrémités se toucheront. Cette peau est délicate mais elle a accompli un super travail. »

Ce fut la première fois que je perçus le soulagement de l'expert.

La semaine suivante, je retournai chez lui et il m'annonça : « C'est bon, c'est fermé. Tout est en ordre. Inutile de se revoir. C'est tout joli. »

J'avais l'impression d'avoir gagné à la loterie. Mon front était fermé.

Les rêves de chacun sont uniques. Certains auraient aspiré à acheter la dernière voiture rutilante ou une maison magnifique surplombant le lac...

Moi, j'avais le front fermé et j'étais la plus heureuse au monde ! La plus riche de Tout !

J'avais envie de l'exposer au grand jour, comme un diamant brillant !

La victoire de la Guérison !

Je sortis du cabinet médical en volant littéralement, ivre de joie. Il fallait fêter cela et savourer le fait d'être en vie avec un front hermétiquement clos.

Comme je disposai d'une heure devant moi, j'allai dans une librairie. J'avais décidé de choisir un bon bouquin pour le savourer devant un thé, en guise de célébration matinale. Parvenue au fond du magasin, je me trouvai, contre toute attente, envahie par une onde indescriptible d'Amour. Je me mis à sangloter de manière incontrôlable, tant cet immense Amour m'enveloppa avec fougue.

Et j'entendis : « Nous étions là, Tous derrière toi, juste à tes côtés.

C'est ta non-acceptation qui nous tenait à l'écart.

Mais, n'aie crainte.

Tu es réparée et nous te soutenons. Mais le chemin est là.

Il n'est nulle part pour toi autre, qu'ici. En contact.

Sois toi.

Jusqu'à ce que tu acceptes l'entièreté de ton être.

Ta place est à notre contact pour transmettre à d'autres.

Enlever la trace physique n'enlève pas le problème causant la marque.

Toi, ton chemin est d'aller là où se trouve la cause pour la transmuter.

Ceci, afin de montrer la voie de l'acceptation.

Tu connais le refus et ses effets.

Tu connais l'acceptation et ses ouvertures.

Tu connais les deux pôles d'une même unité.

La réunification des pôles pour ne laisser qu'une Unité englobant le Tout. »

À présent, je saisis le sens de mon témoignage.
Mes Guides ajoutent ceci.

« Libre arbitre.
N'oublie pas de mentionner que tu as pris la décision de te soumettre à cette procédure chirurgicale croyant faire taire ta peur.
Tu devais passer par cette étape de compréhension et d'intégration physiques.
S. a accepté ton choix sans intervenir du tout.
Il t'a laissée expérimenter jusqu'au bout. Libre arbitre.
Rappelle-toi que lorsque tu nous as laissé rentrer, tu ouvris la porte à l'aide de **S**. également. Tu ne le sollicitas pas durant tes turpitudes jusqu'à ce que tu sois à bout de force.
Le soir où tu nous parlas, tu lui demandas également son assistance.
Jamais auparavant durant cette expérimentation.
Ta peur était trop tenace.
Dès l'instant où tu demandas, nous nous occupâmes tous de te répondre.
S., Nous. Tous réunis.
Conscience, Unification. Universalité.
Universel médiateur, transmetteur du Tout. »

Merci.

39. Accepte le voyage

Je viens de m'asseoir.
Jésus. Il me prend la main et m'emmène haut, très haut.
Un endroit culminant. Vibration translucide.

« Ressuscité d'entre les morts. »

Je résiste. Cette phrase, répétée inlassablement sur Terre dans les églises.
Qui suis-je pour écrire cette phrase ?
Blasphème ?

« Accepte le voyage. Allons-y. »

Je pleure. Oui, j'éclate en sanglots.
Sa détermination est au-delà, au-delà de ma résistance de censure.
J'accepte.

« Je suis venu. J'ai transmuté. Je suis monté.
Imprégné dans la chair- plongé dans les entrailles de la Souffrance- transmuté –remonté. Alchimie céleste.
De tout temps, Alchimie.
Ils me croient différent d'eux.
Ils n'ont pas compris que je suis venu pour montrer la voie de cette Alchimie offerte à Tous.
Vivant, vivant, vivant durant toutes ces étapes.
Vie sans discontinuité. Sans interruption.
L'arrêt est dans le mental.
En vérité, seul un flot continu de vie en perpétuelle transformation. Vibration seule.
Fréquences telles une mélodie créée en mouvement.
Suivre la voie, ma voie.
L'exemple de la transmutation proposée à tous.

Tous contribuant par ce biais à la modification universelle fréquentielle.

Lâche et écoute.
Ton cerveau accroche. Fais confiance.
La couronne est symbole.
Créée pour humiliation, elle est d'Or.
Transmutée en Guérison.
La couronne est symbole de transmutation en Guérison.
Gloire de la lumière.
Symbole.
Ressuscité entre les morts.
Je suis vivant, je suis vivant, je suis vivant.
Changement vibratoire. Uniquement. Apparu aux Humains pour dévoiler ce qui leur est caché.
La mort n'existe pas, seulement dans le mental formaté par la peur.
Cadenas des Humains.
La clef est d'Or.

J'ai montré aux Humains. La vie se poursuit encore et toujours.
Transformation et mouvement perpétuel.
N'aie crainte de transmettre.
Tout est Bien.
Inlassablement éclairer, tel est le chemin vers l'axe. Montrer.

Tu es fébrile, tu doutes de ta transmission ?
Pourquoi ?
Formatage de conscience que tu dissous à travers moi.
Je t'emmène Là. Transmets. »

Je vois un espace blanc. Au centre un anneau, une demi clef de voûte. Des êtres se joignent à nous. L'un d'eux porte une épée.

« Mon nom est ***Mickael***, tranchant les attaches de déviation par le feu. »

« Je suis ***Ambroise***, unificateur et relieur des alliés terrestres, célestes et d'autres réalités. Je relie par les anneaux les communautés de la galaxie. »

Un « ***Gris*** » sur ma droite.

C'est un conseil. Un Conseil solennel où les décisions importantes sont prises. Unification. Tous sont concernés par l'impact des effets des Humains sur la Terre. Tous collaborent à maintenir l'ordre.

Jésus.

« Vois-tu l'importance ?

La vibration est haute.

Descendons un peu car tes cellules ne peuvent intégrer que peu à la fois.

Nous le savons. Sois tranquille.

Banaliser, naturaliser la continuité.

Exhorter les Humains à atteindre leur unicité, unité.

Leur paix.

Craqueler la carapace.

Craqueler le mur pour laisser passer la gloire de lumière éternelle.

Maison. Demeure.

Mon image est le symbole.

Ils ne l'ont pas compris.

Ils ont cru en un dieu différent d'eux-mêmes.

Ils n'ont pas saisi qu'en eux réside la lumière qui nous réunit tous.

Placé à l'extérieur d'eux-mêmes.

Sur un piédestal, au-dessus d'eux.

Au lieu de leur centre.

Au coeur.

Réveiller leur flamme.

Attiser le feu de leur véritable identité.

Endosser la responsabilité d'enfant de la Lumière.
Je suis l'exemple qu'ils ont exterminé.
Ils se sont malmenés eux-mêmes.
Je demeure immuable.
Je transmute, j'assiste et j'accompagne.
J'ai porté et je porte les enfants tendus vers la Lumière. »

Je me vois portant sa couronne. Mais elle est de lumière, sans piques. Je suis coiffée de la couronne de ***Jésus*** et je porte une robe longue. Blanche et légère. Je glisse autour du centre. Je prends part à ce conseil de l'anneau.

Plus exactement, on m'a invitée. Je suis l'invitée qui est chargée de reconduire, reconduire les dires vers la matière.

« Epines évanouies pour laisser la lumière siéger.
Comprends-tu ?
Que la pureté soit distillée à travers les mots pour toucher les âmes.
Les âmes dans l'obscurité.
Les dimensions sont vastes.
C'est infini.
Une multitude infinie.
Je Suis, je Suis, je Suis.
Immuable.
Eternel.
Présent dans le cœur pour qui me cherche. »

Jésus prend une épée en or et la lève.
Puis il dessine un motif. – Je ne sais ce que cela signifie.
« Amour tranchant de Feu. Je me tiens prêt. »

Je sens une ligne qui me traverse, tel un laser vertical, et qui semble me donner une assise nouvelle.

« Ainsi, Sois ! »

Amen et merci.

Deux heures de pause.

L'énergie change. Elle est dense, extrêmement proche de la Terre. Je vois de vieux sages. Ce sont des personnes incarnées très proches de la Nature. Des chamanes, sorciers, peu importe le nom qu'ils portent.

Je sens que ces êtres de chair oeuvrent sans relâche pour la Planète. Pour la préservation des réserves de la Planète. Ils connaissent les plantes et les herbes ancestrales. Ils éduquent les Humains par rapport aux données de la Terre. Leurs générations passées ont œuvré ainsi. Transmission sur des lignées depuis des millénaires.

Je survole les contrées. Des êtres en lien étroit avec la Terre-terre, sont disséminés autour de la planète et travaillent en coulisses. Ils communiquent en direct les informations reliées à la Terre.

Amazonie au fond de la forêt épaisse dans un coin isolé.

Cet homme est très âgé.

Il y a un contraste fréquentiel saisissant entre le conseil du « Haut » et les sages du « Bas »-de la Terre, mais ils communiquent.

Points d'attaches sur la planète pour l'éducation basique. De la base. Des principes. Principaux éléments constituant cette planète. Organisation de base indispensable à la bonne mue de la Terre.

Un feu, une pipe, des rides profondes.

Un savoir dans les mains de guérisseurs traditionnels. Elles sont rugueuses et ont longuement touché la Terre, disséqué les écorces pour en extraire la boisson, la substance guérisseuse.

Les deux pôles. Densité à très haute fréquence reliée à la densité plus basse de la Terre.

Duo harmonieux.

À l'instar d'une toile de cirque. Le sommet central se déployant en parapluie par de multiples baleines qui le relie au sol. Médiateurs incarnés pour la bonne santé de la Terre.

Conseil du Haut vibratoire.

Conseils du vibratoire terrestre collaborant en symbiose avec le générateur central.

Je n'ajouterai rien. Seuls ces termes précis doivent résider sur ces lignes.

40. Dans la matière

On m'indique qu'il me faut décrire les étapes que je rencontre et les paramètres que je dois prendre en considération pour ces compte- rendus uniques.

Bien. Ainsi en va-t-il du côté pratique.

Je ne peux soutenir plus de quatre heures d'écriture par jour.

Le temps de travail est variable et dépend entièrement de la fréquence que j'expérimente.

En effet, les vibrations des messages diffèrent les unes des autres. Certaines transmissions ne durent que quinze à vingt minutes mais peuvent secouer mon organisme de manière si intense, que je suis contrainte de me reposer pour le reste de la journée. Ces fréquences transitées laissent souvent mon corps gelé et tremblant de froid pendant plusieurs heures. Ces conséquences concrètes m'obligent à m'emmitoufler dans une couette et à attendre que l'enveloppe matérielle intègre et s'apaise.

D'autres vibrations sont plus douces et permettent un échange pouvant s'étaler sur deux ou trois heures.

Certaines transmissions, plus costaudes, ont nécessité un arrêt de plusieurs jours.

Les vibrations extrêmement hautes, telles que celles vécues dans le Conseil, sont des fréquences à apprivoiser. Je ne pus soutenir l'intensité de ces fréquences vertigineuses que quelques secondes lors du premier aller-retour dans ces sphères nouvelles, avant de devoir redescendre en flèche, tant cela bousculait mon corps.

Le deuxième voyage « en ce lieu » se produisit hier. Je pus rester deux ou trois minutes au contact du Conseil puis ***Jésus***baissa le volume rapidement. Je perçois que m'est offerte une adaptation progressive afin de « mener ma noble tâche à Bien ».

Cette fin de phrase est formulée par ***Archange Mickael*** qui me seconde dans ces descriptions.

La conséquence directe de ces changements vibratoires est un sommeil accru. Je dors chaque nuit dix à onze heures depuis que les transmissions se sont concentrées. Je ne me doutais pas de la fatigue engendrée par ce travail. La Joie ressentie, de me savoir enfin à ma juste place, m'emplit d'un entrain sans faille, mais je découvre l'impact important généré sur l'enveloppe matérielle.

Un élément important est à mentionner.

À chaque transmission, une compréhension. Accélération de la prise de conscience, pouvant être ample à digérer. Nécessité absolue de respecter le repos.

Ah, l'atterrissage. Oui, l'atterrissage dans la matière peut prendre plusieurs heures post- écriture. Cet intermédiaire, cet entre-deux est souvent inconfortable.

C'est ici que l'accompagnateur « *de vol* » joue un rôle significatif.

En effet, lorsque l'altitude nouvelle rend l'atterrissage plus ardu en fin de travail et que mon corps physique manifeste des troubles passagers (légers flottements, sueurs), je demande un coup de pouce à **S**. Il est le roi des semelles en plomb !

Il doit sûrement posséder des actions dans les entreprises proposant les chaussettes-chaussures ultra-adhésives au sol. En trois secondes, l'ancrage est bétonné !

C'est pour cette raison que je stipulais précédemment combien il m'aurait semblé impossible ou grandement difficile, de remplir ce rôle de médiateur privilégié sans S.

Cet équilibre Ciel-Terre est beaucoup plus délicat à gérer que quiconque ne peut imaginer. Il est indispensable d'en être averti. **S**. assure ma sécurité dans ce périlleux exercice d'équilibriste.

Je réalise que ce manuel est comparable à un mode d'emploi pour aider les médiums qui peinent à vivre avec leur extra-sensibilité.

Deuxième information devant être transmise.

L'élément clef permettant ce travail précis est l'Extraction.

Extraction d'un environnement saturant d'informations, de données issues du mental humain. Ces dernières recouvrent les récepteurs d'un film parasite, rendant laborieuse l'écoute véritable et pure.

Dernier ingrédient bénéfique, l'immersion en un lieu puissant en termes d'énergie. Se trouver au contact de la Nature, régénératrice de la base terrestre. Terre, mer et soleil. Eléments pourvoyeurs d'énergie pour l'organisme. Source de Vie.

Extraction géographique. Extraction d'interactions humaines (provisoire) afin de favoriser le retour à Soi.

Dans mon cas s'ajouta l'extraction de toute influence virtuelle. Au départ, je me trouvai dans un appartement disposant officiellement d'un système wifi qui refusa catégoriquement de fonctionner lors de mon séjour. Je fus donc privée de toute connexion internet durant des semaines.

Ainsi, cette écriture s'avéra impliquer une déprogrammation progressive des données véhiculées par les biais ordinaires (médias, conversations humaines, etc..). Cette extraction générale constituait, en fin de compte, la condition « *sine qua non* » de l'émergence de ces transmissions.

Grâce à cet ensemble de paramètres structurant, l'écoute alignée-pure put s'opérer et matérialiser ce projet. Projet, qui se languissait de naître.

41. Eclairage

Archange Mickaël ajoute.

« Ces messages contenus depuis des années et non exprimés bouillonnaient en ton corps.

Ton enveloppe matérielle se consumait de l'intérieur.

Ainsi, libérer les paroles devant traverser les couches progressives pour toucher les âmes, est de l'eau.

Eau qui glisse et non pas feu étouffé qui consume. Brûle de l'intérieur.

Pôles.

Feu qui brûle ou eau qui calme. Circule.

Que cela glisse sans retenue, car ainsi est-il juste.

Feu qui consume l'intérieur- Eau qui calme, lorsque cela circule. Se meut.

Deux pôles. »

Je regarde l'horloge. 13 heures 33.

Deux heures plus tard.

Jésus.

« Ma douce, je prends le relais. Je te mène. »

J'aimerais un rythme tranquille, s'il-te-plaît.

« Décris. »

Sur Terre, lorsque les plongeurs en apnée descendent dans les profondeurs durant les compétitions, ils passent des paliers. À chaque étape, un homme grenouille les attend, les contrôle et leur donne le feu vert pour continuer la descente.

Moi, je vis la même chose mais à l'envers. Je monte en douceur et je vois défiler les différentes densités. À chaque étape, d'autres êtres, appartenant à leur densité respective.

Je ne fais que coulisser verticalement en compagnie de ***Jésus***.

Marie, la Sainte Marie. Mon ascension ralentit légèrement à sa hauteur et elle m'encourage. M'encourage à suivre Jésus dans la montée. Doucement.

Densité épaisse qui s'amenuise au gré de l'élévation.

Pointe. Nous sommes au point central du joint collectif.

Je frissonne. Je suis en vérité congelée.

Une plateforme étroite. Large.

L'énergie est si intense que j'ai l'impression de me désagréger dans la lumière et j'ai peur de ne pas supporter. Dans mon esprit, j'appelle **S.**, car il est mon lien avec la Terre.

Jésus communique.

« N'aie pas peur.

C'est un Honneur.

Doucement. »

Jésus est d'***Or***.

Il brûle.

Conseil, sur la pointe culminante de la tour.

Ils vibrent si fort, c'est si fort. C'est si fort, jusqu'à devenir pure vibration.

Des étoiles. Pures étoiles.

Système interstellaire. Galaxie. L'ensemble joint en ce lieu.

Mon cœur bat la chamade.

« Félicitations.

Tu persévères.

Tu t'habitues.

Respire. »

Sommet de la Tour. Celle vue dans la « ***NDE*** » avec **S.**

« Tu connais.
N'aie crainte. Nous contrôlons. »

Epée, lances, l'armement d'un purificateur.
« Tu es armée à présent. »
On me donne une armure.
J…
Je suis J…
Je suis une Guerrière.

« Oui, tu as porté le blason. L'emblème. »

L'impact est si intense, paroxystique. Comme la clef qui ouvre un coffre-fort. Clac, ouvert.
Révélation limpide.
C'est si intense que cela secoue mon corps comme un tsunami d'énergie. Je tremble comme une feuille. Je suis bousculée et ne peux soutenir la Hauteur. C'est clair, c'est si clair.

« Très bien. On pose. En douceur. »

Vingt-quatre heures plus tard.

Chers Amis, je n'avais jamais expérimenté une énergie pareille. Il m'est impossible de décrire par quels ressentis et prises de conscience je suis passée hier. Pierre angulaire.
Je suis transformée pour toujours.
Je serai brève.
Au fond de moi, j'ai toujours su. Au loin. Mais depuis la vision, je vis une Unification intérieure. Les pièces de puzzle qui retrouvent leur place. Il est vain de vouloir traduire cela en mots.

Il est important de vous narrer ce que je vécus, hier matin, avant l'écriture de « dans la matière ».
Mickaël m'a rejoint et il m'inspire.
J'ai du mal à organiser mes phrases à ce jour, encore ébranlée par l'impact (merveilleux) de la veille, où je fus

comme frappée par la foudre. J'étais si vibrante que j'ai fui mon ordinateur dès que j'ai vu mon image dans le conseil. Avec l'armure et l'épée.

Un éclair surpuissant m'a littéralement traversée verticalement.

Une lame de Vérité qui passa par le sommet de mon crâne et me donna un socle nouveau.

Mickaël.

« Je suis là.

À présent, vois-tu la puissance de ***Jésus*** te révéler la Vérité par son épée.

Tu as vécu la transformation par le feu. Oui, tu as péri par le feu.

Tu as vécu la transformation par l'eau. Noyée.

Les deux Pôles pour ne faire plus qu'Un.

Je t'accompagne. Décris. »

Donc, hier matin, ***Archange Mickaël*** était à mes côtés. Nous regardions la vue panoramique sur l'océan depuis une esplanade parée de palmiers. Il me transmit :

« Noble tâche qu'est la tienne. »

Je suis ensuite descendue vers le bord de la plage pour effectuer ma promenade habituelle. Arrivée à proximité j'entends :

« Viens me toucher. Pose tes mains, les deux mains. Touche-moi. »

C'est la mer qui m'enjoint d'accomplir ce geste.

Je m'avance, m'efforçant de préserver mon équilibre sur les galets humides. Je glisse mes paumes dans l'eau.

Un *flashe.* Je suis au fond de l'eau, tournoyant sur moi-même. J'ai une chaine autour du cou. Je comprends qu'on m'a ligotée et jetée à l'eau. Mes cheveux sont longs et ma robe également. Je tournoie. Je vois que je me suis noyée mais ce passage est une sensation de libération. J'aime la mer.

Troublée et informée dans mes cellules. L'image persiste, ne me quitte plus.

Je suis retournée vers mon appartement pour m'adonner à l'écriture quotidienne mais je n'ai pas réalisé tout de suite le sens de cette expérience qui m'imprégna fortement.

Mickaël.
« Consumée. Purification par le feu.
Noyée. Transformation par l'eau qui calme.
Comprends-tu ?
Unification. »

Je suis éclairée à présent. J'ai vécu d'autres vies.
La « mort-transformation » par le Feu.
La « mort-transformation » par l'Eau.
Dans ma vie actuelle, j'ai expérimenté la brûlure des messages flamboyants non transmis et j'expérimente la libération de la parole pour la laisser glisser comme de l'eau.
J'imprègne dans ma chair les deux pôles pour retrouver l'Unification.

Je m'aperçois aujourd'hui que mon exil pour cette transmission contient les fondements.
Le lieu où se passe l'écriture est une île volcanique.
Eau et feu sont réunis. Pour ne former qu'Un.
Unification en Une vie de l'Ensemble.

Aujourd'hui, silence radio sauf ce message : « Il te faut digérer. Dans la matière. »

Deux jours.

« Empreinte. Impression. L'information doit s'imprimer dans tes cellules. »

Je suis assise en train de colorier des mandalas. Un moyen de débrancher. J'adore les couleurs.

Je me relaxe. Soudainement, une compréhension me traverse.

La guérison se fait par l'acceptation et l'intégration de l'énergie. De la très haute énergie du Conseil. Quand elle s'imprime, elle dissout tout ce qui doit disparaître.

« Elle a compris. »

Une énergie douce m'entoure. ***Jésus*** s'approche et passe sa main dans mon dos.

« Transposer l'énergie du Conseil sur la Terre. »

Je vois ***Jésus***, face à moi, qui effectue les mêmes gestes de guérison que **S**. sur Terre. Je sens **S**. éthéré derrière moi et deux personnes lumineuses. Une de chaque côté de moi.

Je suis au centre, assise au sol. Ces guérisseurs réhabilitent mon être et couvrent ma tête de fleurs.

Depuis lors, l'image de ***Jésus*** se superpose à l'image de **S**. dans mon esprit...

42. Superposition des dimensions

Fluidité.

Je ne perçois plus les frontières. Toutes les dimensions coexistent.

« Nous évoluons dans un Univers multidimensionnel. »

Energie impérieuse qui communique.

« Les chercheurs humains arrivent à cette révélation par leurs études de physique quantique.

Théorie. Ils commencent à toucher du bout des doigts des théories.

Intellectualisation de données.

Tête puis descente de l'information pour imprégner les cellules.

Faire l'expérience.

Tout comme faire l'expérience de la véritable rencontre avec Nous.

Dans la chair, en passant par le cœur.

Porte ouverte à la véritable rencontre.

Réunion pouvant distiller la lumière de l'Eveil pour emplir l'Être.

Retrouver sa véritable lumière d'être spirituel.

Accepter que la lumière nettoie, anéantisse la non-lumière.

Arrache les griffes de mensonges cultivés.

Multidimensionnel.

Peu le savent. Le savent vraiment.

Au delà de la théorie mathématique, au-delà de la physique classique.

Sciences périmées, ô combien obsolètes !

Données erronées sans discontinuer.

Replacer le centre de la Connaissance.

Non pas décalée de l'axe. Dans l'Axe.

Recouvrer la science exacte et non celle déformée par des erreurs renforcées par l'obstination, l'insécurité d'une remise à plat indispensable pour rétablir l'Ordre.

Nature, Santé, Connaissance.

Fracasser les fondements écartés de la justesse de l'Ordre, de l'organisation initiale de toute vie, de tout élément, de Tout.

De la Base. De la structure originelle qui se doit d'être respectée.

Sans quoi désordre, maladie, mensonge et perdition.

Perdition de la Vie.

Terre, passage transitoire.

Rendre des comptes sur le travail effectué sur cette planète, pour cette planète sera demandé. Choisir son côté. Construire ou détruire.

Renouveau ou maintien du chaos. Les deux pôles.

Choisir.

Plus d'intermédiaire.

Choix de camp.

Pour la vie. Anti-vie.

Responsabilité à prendre.

Il est l'heure de faire un choix décisif.

Le paradigme change et les Humains vont devoir suivre.

Quoiqu'il leur en coûte.

Ils doivent prendre la responsabilité de leur expérience.

Leur participation sera décisive.

Transmet ce que tu vois, ce que tu as vu.

Multidimensionnel.

Dis-leur que tu vois l'être multidimensionnel de **S**.

Présent sous différentes formes, en différentes densités existant de concert.

Oui, de concert. Parfaitement orchestré.

Dis-leur que tu as perçu ta propre multi-dimensionnalité.

Tu as ressenti cela dans ta chair et cela t'a changée à jamais.

La Connaissance.
Ainsi sont-ils Tous.
Tous multidimensionnels et ne le savent plus.
Ils ont oublié.
Ainsi transmets ceci.
Pour le disque dur.
Pour qu'ils se souviennent.
Plus grands qu'ils ne se voient.
Plus vaste que le champ concret.
Infime partie du Tout.
Ainsi est il. Ainsi a-t-il toujours été. Ainsi sera-t-il.
Intemporalité. Présent, passé, futur réunis.
Ne forment qu'Un.
Toujours et à Jamais.
Eveil. »

43. Arc-en-Ciel

Depuis une semaine, mes journées sont accompagnées d'arcs-en-ciel.

Hier, je fus le témoin privilégié d'un phénomène naturel magnifique, dépassant tout ce que j'avais eu la chance d'observer jusqu'alors dans ma vie.

Je sortais de mon appartement en fin d'après-midi et me promenais, arrosée par une pluie délicate. L'orage avait cédé la place à une accalmie. Soudainement, un soleil radieux apparut derrière les épais nuages noirs qui avaient recouvert le ciel depuis la matinée, pendant qu'une bruine fine m'enveloppait. J'étais inondée de chaleur et de lumière, tout en étant humidifiée par des gouttes translucides qui continuaient de tomber.

Je fus interpelée et émerveillée par cette combinaison pure.

Feu et Eau.

Je levai les yeux et m'aperçus qu'un arc-en-ciel me surplombait. Une arche entièrement et parfaitement dessinée dont les couleurs vibrantes rayonnaient d'une rare intensité. J'étais littéralement subjuguée par pareille manifestation naturelle.

Ensuite, l'arc devint double et gagna en force. Je me situai exactement au centre de cette double arche gigantesque.

Plus je prenais conscience du côté extraordinaire de ce spectacle, plus la largeur entre les deux arches superposées augmentait, formant une voûte de couleur or.

Ensuite, les couleurs se manifestèrent individuellement - si je puis dire - et je perçus tout l'éventail du spectre de la lumière. Des deux arcs, je pouvais clairement distinguer les deux extrémités, les socles. Leur base vibrait d'une telle puissance de couleurs, que je restai clouée sur place, fascinée.

Je vis ces mêmes couleurs se subdiviser en sous-couches de lumière et ceci à l'infini.

Grandiose. Absolument intense.

J'étais au centre de l'Arc unifié et multidimensionnel dont le contact au sol était d'Or.

Il est apparemment également adéquat que je vous conte deux autres événements.

Lorsque **S**. et moi arrivâmes sur l'île volcanique, il se produisit un phénomène naturel particulier. Deux jours après notre atterrissage, nous allâmes au bord de la mer. Alors que nous étions attablés, savourant une boisson, nous vîmes nombre de gens scruter le ciel. Piqués par la curiosité, nous tournâmes à notre tour le regard vers le haut et perçûmes une espèce de vortex.

L'objet de l'attention générale ressemblait à une tornade qui ne touchait pas le sol. Cette dernière restait au niveau des nuages mais on pouvait clairement distinguer l'aspiration d'air vertical qui s'opérait en son centre. Nous assistions à la formation d'un canal parfaitement défini qui augmentait en densité mais qui n'avançait nullement. Il s'intensifiait, persistait au même point géographique, mais sans contact avec la terre.

Cette manifestation inhabituelle plongea les gens dans une interrogation, quant à la nature d'un tel phénomène.

Mon intuition me dit que cela signait les prémices d'un lien significatif Terre-Ciel, que le canal se préparait.

Le deuxième point qu'il me faut rapporter est le suivant.

Depuis mon passage auprès du conseil, j'ai l'impression que mon corps est à vif, que je suis à vif et que mon ancrage à la Terre est plus délicat. Cela veut dire que je sens avec une acuité sans précédent certaines informations.

Elles pourraient être comparées à du Feu.

Depuis trois jours « on » m'enjoint de me baigner. « On » me conseille fermement de nager, de m'immerger dans de l'eau.

Je dois avouer qu'il fait relativement froid ces derniers temps et l'idée de m'exposer à l'air libre me rend frileuse. Malgré les conditions météorologiques hivernales, hier, je décidai de suivre ces injonctions célestes. Je voulus tester l'effet d'un plongeon dans cet élément prescrit car je sentais que « quelque chose » m'échappait.

Sitôt mon corps enveloppé de cette nappe aquatique, je me sentis autre. Calme, posée et entière. Je compris instantanément. Dès que je le sentis dans ma chair, je saisis le sens.

Le Feu qui brûle, l'eau qui calme.

J'avais besoin des deux pôles pour assurer l'équilibre Ciel-Terre des transmissions.

Ce matin, il pleut. Les rues ressemblent à de petits torrents parallèles qui coulent librement vers la mer. Je marche lestement, tâchant de ne pas tremper mes baskets à outrance, lorsque j'entends ceci.

« Documente. »
Pardon ?
« Documente ! »
Pourquoi ?
« Pour pouvoir voir. »
Voir quoi ?
« Voir le lâcher prise. Porte vers Nous. »

Je n'ai pas pour habitude de m'exposer de la sorte, mais je suis les instructions pour en découvrir le sens. Une fois rentrée, je m'installe devant mon ordinateur, je pose mon portable, installe le mode vidéo et j'attends.

« En marche. Je prends le relais. Lis.

Je descends par les mains de ma douce.

Elle transmet. Mais c'est Moi qui parle.

C'est Moi qui prends le relais.

C'est Moi qui parle.

Elle veut rester dans l'ombre, mais la lumière doit jaillir de l'extrémité de ses doigts pour amorcer la transformation.

À présent. Nous montons ensemble.

Transmets.

Les couches, les sous couches.

Révéler ce qui est caché de l'œil. Pour faire apparaître la vision du cœur céleste.

La couronne est d'or.

Privilège des humbles qui laissent transiter.

Ce n'est pas elle.

C'est Moi, je vous le dis.

C'est Moi.

Jésus qu'on implore.

Pourtant je suis à vos côtés, mais vous ne voyez pas.

Vous ne pouvez croire que ce soit moi.

Alors que je vous l'ai dit.

Figer en structure la parole est erreur.

Figer en dogme la parole est erreur.

La parole est d'or et fluide.

Elles est d'or et imprègne les tissus.

Cellules avides d'absorber la Vie dans sa plus pure vitalité.

Eponge.

Soyez perméables à la parole d'or et non cristallisée, rigide, vide de Vie, vide de sa substantifique valeur originelle.

Que vous puissiez reconnaître ma trace, mon empreinte, car les souples reconnaitront.

Les contours perméables.

Que leur carapace étanche se fissure pour laisser transiter l'information originelle de toute Vie.

Oui, tu écoutes bien. Sois tranquille.

Montons encore.

Vois-tu ?

Sont distillées à profusion les particules depuis ce haut lieu pour transcender la matière. Métamorphose de la matière concrète pour l'impact sur la planète et dans l'Univers tout entier. Pour la cohésion de l'Ensemble. Décris. »

Je vois la matière blanche et dense s'imprégner des couleurs de l'arc-en-ciel.

« Ainsi, expansion de la lumière dans toutes les densités pour arrondir.

Fluidifier les cellules en une harmonie originelle.

Modification cellulaire pour modifier les dogmes et laisser transiter la transformation salvatrice de toute vie.

Ceci afin de la mettre en syntonie avec l'Univers.

Condensée en une unification absolue.

Tu comprendras la raison.

Ainsi nous te menons. Transmets. »

13 heures 03. Je reprends.

« Es-tu prête à l'ultime sacrifice pour me suivre ? »

Jésus prend ma main fermement dans la sienne. Nous traversons un désert.

« J'ai connu les tentations.

J'ai dépassé les tentations, les fausses routes qui mènent à la chute.

Mon chemin fut maintenu fermement envers et contre tout.

Ainsi soit-il. »

Nous traversons ensemble des flammes. Elles sont hautes, à hauteur d'homme. Elles ne me brûlent pas car Jésus me mène.

« Flammes de la colère. Colère des Hommes. Colère de l'arrogance.
Colère et tentation de détruire la Vérité.
À nouveau.
Flammes qui ne peuvent rien contre le calme de l'eau qui éteint l'atteinte. »

Sur le sol, le sable.

« Sol instable des émotions terrestres.
Ainsi vacille pour toujours.
Le socle sera de lumière puisqu'en ce monde, instable est l'appui. Variable et imprévisible.
Ainsi l'appui ne peut que bouger, changer.
Il peut être l'aspiration vers le bas.
L'émotion peut être chute.
La Conscience est immuable, impraticable pour qui ne sait.
Indestructible.
Les proches seront lointains et les lointains se rapprocheront de cette lumière nouvelle.
Ne crains pas ces bouleversements qui seront.
N'aie crainte, le socle est Mon appui.
Eternel.
Atteintes par peur, attaques par peurs terrorisantes.
Pouvoir et arrogance seront ébranlés.
Tu as ton bouclier. Nous te l'avons donné.
Il sera la protection pour mener la mission.
La mission de la parole d'Or.
Immuable et puissante de l'Ordre.
Ordre rétabli à l'Originel comme il se doit.

Ainsi est-ce l'heure.

Nous restaurons ta Foi.

Justice dans sa plus glorieuse magnificence.

Foi pour l'Eternel.

Source de toute Vie.

Source absolue qui sera accessible à tous par notre voix que tu transmets.

Critiques, rejets, hontes erronées taperont à ta porte.

Mais la lumière sera nourrie par son contraire puisqu'ainsi est la leçon.

Transmutation en lumière de toute énergie.

Ainsi sera-elle plus forte pour toucher toutes les âmes.

Nourrie par son contraire pour ne faire qu'Un.

Cohésion absolue de la Source dans sa magnificence la plus pure.

Les proches seront lointains et les lointains seront proches en un mouvement perpétuel de transformation.

N'oublie pas que tout contribue au Tout.

Le Bas et le Haut pour ne former qu'une entité unique tournée vers la Lumière.

Ainsi, transmets sans crainte de la morsure des flammes, de l'attaque de tes pairs puisque je suis à tes côtés.

Des doigts reliés à nos voix.

Ainsi soit-il à Jamais. »

Fin de la transmission. 14 heures 33.

44. Marquée au Fer rouge

12 heures 33.

Depuis hier, mon cœur se fait sentir, mon cœur physique. Je le sens incandescent.

Le centre de ma poitrine brûle mais sans brûler. Il brûle à l'intérieur.

Dans la nuit, j'ai vu ***Jésus***qui a marqué mon cœur avec un laser d'Or. Un laser si étroit et si intense à la fois. Il coupe instantanément, telle une lame de Vérité.

Ce matin, mon cœur occupe toute l'attention. Il attire tous mes sens vers lui. Je sens qu'il brûle d'un Feu nouveau. Ma poitrine semble en Feu. Mais pas un feu qui brûle. Un Feu qui imprègne, un Feu qui occupe toute la place de mon être.

Jésus est prêt à communiquer.

Je suis au sommet de la tour translucide. Je m'habitue à l'intensité. J'y suis transposée directement sans palier. Le conseil me paraît à présent si proche. Je ne suis plus bousculée par la vibration.

Jésus m'attend fermement.

« L'heure est grave. »

Grave ? Dans le spirituel ?

« Solennel. Grave.
Ainsi as-tu fait ton choix définitif.
Sans retour en-arrière.
Ainsi es-tu marquée du Fer rouge de l'appartenance.
Feu entier qui consume.
Qui vit à jamais.
Eternel Feu de la Vie. Eternel.
Porte-parole digne et fidèle seras-tu.

Tu connais la lâcheté de la dilution.

Tu sais ce qui te trompe.

Ainsi, es-tu marquée pour mener jusqu'au bout notre tâche commune auprès des hommes.

Accomplis cela avec l'humilité de ceux qui savent puisqu'ainsi est-ce l'unique chemin.

Puisque nous ne formons qu'un. En vérité.

Seule l'Unicité. Unicité du Feu qui rejaillit dans les cœurs et rappelle.

Rappelle la source unifiée.

Tu es au centre.

Au centre de toi et ainsi, au centre de Nous.

Unis dans la tâche.

Marquée par le Fer de la Vérité que j'ai donnée.

Sois sans crainte.

Sois notre voix pour que ta mission s'accomplisse pour l'importance de l'union.

Jonction et lien du Tout.

Eveil des êtres endormis.

Pilier intransigeant à jamais de ma Vérité.

Ainsi, la lâcheté as-tu connu.

Perte de connaissances transitoire.

La lumière sera nourrie de son contraire.

Ainsi tes erreurs dans la chair nourriront intensément ce Feu à présent.

Il en sera fortifié par ce contraire dépassé.

Ton choix, tel le laser qui mène le chemin vers l'unique destination de ton âme.

Lumière absolue incandescente d'Amour.

La noblesse de cette tâche.

Sois pure.

Pur réceptacle de Nous, afin que notre voix soit entendue.

Jonction, scribe, transmetteur dans la matière.

L'heure est grave car à présent tout est ferme.
Responsabilité.
Il te sera demandé des comptes.
Ainsi rappelle-toi la force de ta responsabilité.
Tu incarnes pour transmuter.
Transmutation, seule mission.
Transmutation de l'information vers la lumière.
Sois, tel le laser qui t'a marquée.
Incarnation de ma Vérité à Jamais.
Pour l'Eternité.
Densification, purification de la transmission.
Pilier solide, dont le centre est Feu éternel. »

13 heures 23.

« Transmutation des relations.
Qui me suis, transmute.
Effacer l'attachement pour rétablir l'Ordre.
Ordre, Conscience unique.
Détachement des affects terrestres pour induire la lumière.
Véritable échange de construction vers la solidarité ultime.
L'égalité entre les hommes.

Ablation des inter- dépendances humaines pour transmuter les liens vers la collaboration
dans un but commun. La Vie.

Arracher une à une les illusions, freins de l'expansion de la conscience individuelle,
indispensable au Tout.

Explique ta transformation opérée avant cette étape. »

Maintenant ?

« Oui. Transmutation de l'émotion d'une mère, face au détachement exigé.

Etape centrale pour l'émancipation de l'être. »

Chers Amis, je vais donc vous narrer l'événement suivant.

Il y a trois ans, **S**. et moi avons emménagé dans une maison. Contre toute attente, **S**. me dit, puisque notre lieu de vie était entouré de nature, qu'il désirait adopter un chat.

Personnellement, j'adore les animaux et cette idée surprenante m'emplit de joie. Mais, j'avoue qu'à cette époque, j'étais déjà passablement chargée sur le plan pratique et la perspective de devoir prendre la responsabilité d'un être sensible me procurait une réserve considérable. Malgré l'appel de mon cœur, j'hésitais fortement à prendre part à cette démarche.

Apparemment **S**. était au courant que mes guides avaient des projets précis pour moi. Le lendemain, je me trouvai bloquée en voiture dans un bouchon durant quelques minutes. Devant moi était arrêté un véhicule dont la vitre arrière était recouverte d'un autocollant.

Je scrutai cette affiche inhabituelle avec attention et réalisai avec stupeur que le motif principal qui l'ornait était un chat. De surcroît, une phrase inscrite en majuscule, bien en évidence, surplombait ce félin inopiné et ne laissait aucune place au doute.

« MAKE IT POSSIBLE ! » – En français « Rends le possible ! »

Quelle est la probabilité de lire un autocollant en plein trafic, sur lequel un chat énorme est dessiné, accompagné d'une injonction pareille ?

« Bébé à bord » est plus répandu, vous êtes d'accord avec moi, n'est-ce pas ?

Inutile d'ajouter que je captai le message.

Il était visiblement important que nous ouvrions la porte à un ami félin.

Deux jours plus tard, nous nous rendîmes donc dans un refuge.

La rencontre fut d'une simplicité absolue. **S**. se dirigea vers une cage et glissa ses doigts sous la base du grillage. Un petit chaton rouquin de trois mois se dirigea immédiatement vers lui et posa sa patte sur le dos de sa main.

« Bon, c'est lui ! » - Le chaton avait vraisemblablement reconnut son Ami. C'est lui qui choisit.

Electron entra ainsi dans nos vies.

Je ne vais pas m'attarder sur les qualités exceptionnelles de mon camarade à quatre pattes, mais je puis affirmer qu'il m'enseigna de belles leçons durant ces années.

D'ailleurs, tout notre entourage disait de lui qu'il n'était pas un vrai chat, qu'il était un peu hors-norme. Une espèce de sage.

Il y a un an, l'un de mes amis proches, m'avait fait part de son envie d'inviter à son tour un félin à vivre avec lui. Puis il ajouta, sur le ton de la plaisanterie, qu'il aimerait qu'il soit comme le nôtre !

La vie...

Lorsque je fus contrainte de prendre des décisions importantes impliquant un changement radical de vie il y a quelques semaines, je réalisai qu'il me fallait impérativement penser en priorité au bien-être de mon chat adoré.

Je voulais le garder près de moi, mais...

Je résume pour aller à l'essentiel.

La Vie me poussa à devoir accepter de confier mon merveilleux matou à notre ami.

J'étais assurée de l'amour que celui-ci portait à Electron et son nouvel habitat était idéal pour son épanouissement. Bref, le déménagement de notre chat se passa dans la plus belle harmonie qui soit et mon tigre d'intérieur dégageait une tranquillité totale.

Pour moi, ce fut une autre histoire. Être obligée de me séparer de mon ami à quatre pattes fut vécu comme un véritable deuil. J'allais devoir affronter l'émotion que je redoutais le plus, celle qui affligeait mon cœur. J'avais l'impression d'abandonner mon fils, mon enfant.

Cela peut sembler absurde mais ce fut le ressenti qui me submergea. Je plongeai littéralement, tête baissée dans un trou noir d'une profondeur insoupçonnée. Je pleurai à chaudes larmes durant deux heures sans pouvoir m'arrêter.

« D'où pouvait provenir une telle intensité de désespoir ? Une telle détresse ? »

La douloureuse confrontation à cette émotion refoulée fut apparemment le sens de cette situation particulière. En effet, si je n'avais pas eu à expérimenter cette séparation, l'émotion serait restée dans l'ombre, tapie dans un coin.

Mes guides m'aidaient à ramener l'émotion à la lumière par le biais de mon chat, merveilleux médiateur de transformation.

S. me rejoignit et m'aida à nettoyer cette mémoire pénible stockée dans mes cellules.

Quinze minutes. Quinze petites minutes suffirent à changer le paradigme à centre-quatre-vingt degrés ! S. transforma l'émotion en Conscience.

Je compris qu'il était indispensable que je traverse cette difficulté, événement sur mesure, pour comprendre vraiment ce que signifie la transmutation de l'émotion en conscience.

Ce qui m'était apparu comme un deuil insurmontable,

s'est mu en une occasion de grandir et de comprendre. Electron, lui, avait déjà saisi et était serein. Electron libre.

Moi, je dus rencontrer cette douleur et la dépasser pour réaliser que ce que je vivais était dans l'Ordre des choses. Pour apprendre l'indépendance et le véritable amour.

Amour libre de l'attachement. Amour dans la liberté la plus totale d'être.

Ce qui me parut tout d'abord comme la plus grande des injustices et qui me remplissait de culpabilité, se métamorphosa en un cadeau inestimable.

Les gens et animaux n'entrent pas toujours dans nos vies pour la raison que l'on pense. Electron est entré dans la mienne pour me permettre de ressentir dans la chair un amour maternel intense, que je fus amenée à devoir transmuter en Conscience, réparation magistrale.

« Amour, n'est pas pour soi.
Amour est Liberté Absolue.
Amour est pour la plus grande émancipation de l'Être. »

Electron est heureux.
Moi, je suis apaisée et disponible à l'écriture pour Tous.
17 heures 33.

45. Question qui me brûle

Jésus, qui est **S.** ?
Frissons m'envahissent.

« Transmet ce que tu vois. »
33333333333...
Ce numéro défile sous mes yeux à l'infini. Il se déroule sans interruption.
Une Croix. Je distingue ***Jésus*** en-haut du symbole, **S.** à la base de la croix. J'entends.

« Le Père, le Fils et le Saint Esprit.
Je suis avec le Père.
Relié au Fils accompagné du Saint Esprit.
Tous Unis en un éternel mouvement.
Places interchangeables dont le contenu est identique. »

La croix, sous l'effet du mouvement, devient sphère parfaite. Aucune différence n'est perceptible. Tout est dense. Une sphère parfaite. Condensé de particules brillantes. Est d'Or. La sphère est d'Or. Pouvant imprégner toute vie. Toute forme. Objet, plante, êtres.
Jésus pose ses mains sur mes épaules, signe qu'il m'ancre.

« La vibration est forte.
Il te faut adoucir pour imprégner la globalité.
Le globe. »

Je vois des peuples différents qui échangent. Liens horizontaux. Unis par l'esprit. Je vois tous ces peuples unirent leurs mains en signe d'alliance.

« Unis dans la Mission.

Nous formons une entité d'alliance oeuvrant pour le Bien de l'Humanité.

S. peut être tout. Remplir les rôles à l'infini.

Il possède la technologie des Anciens et s'en sert à bon escient.

Il brave l'autorité souvent, signe d'une grande force.

Puissance transformée pour modifier une tendance de pouvoir périmée.

Ainsi il œuvre de concert sur les plans. Multiples plans.

Il concilie les liens et crée les ponts entre les mondes.

Il consolide les connexions des diverses densités, afin d'assurer une cohésion optimale entre les peuples. Vers la lumière. Unique destination.

Technologie.

Expert, de part les instructions transmises.

Point de rassemblement.

S. rassemble les données pour les diffuser et insuffler à bon escient.

Courage, force, conscience, indélogeable humilité pour assurer les transferts de données pures à travers les couches et sous-couches.

Il accepte les lois universelles car il ne les connaît que trop bien. Il a outrepassé les lois.

Il a fait l'expérience de ce contraire. Ainsi rassemble-t-il à présent, sans discontinuer.

Relie les connaissances à l'Être. Aidant le plus grand nombre à briller de leur force sacrée.

Ainsi rééquilibrer et compenser. Compenser la grande Inconscience pour maintenir un semblant d'Ordre. Il a accepté ce rôle éreintant car il contient le Tout.

Le Tout de nous réunis et il œuvre avec le Saint Esprit, alliance horizontale. »

C'est juste ? J'entends bien ?

« Oui, c'est juste mais tu ne dois te brûler à l'intensité de ces paroles qui agissent comme une flèche précise.

Tu auras besoin de te reposer. Vital. »

En effet, je grelotte. Je ne sais ce qui a été émis, mais je sens qu'il me faut aller doucement. Je respire. Mon cœur bat la chamade.

Je distingue des galaxies et des planètes.

Je vois **S**. avec une tenue de roi et une armure de guerrier. Mais ce n'est pas l'apparat d'un combattant terrestre. Il est recouvert d'une protection lumineuse et brillante. Il tranche à coups d'épée d'or l'ennemi noir, du bas astral. Dragons, formes immondes. Il descend dans les bas-fonds gluants et remonte avec une puissance inouïe, glorieux vers la Lumière. Vainqueur redoutable d'une bataille extrême, il arbore le blason de lumière absolue qui extermine le noir, la poussière.

Il est scientifique. Chef d'équipe, son cerveau agit comme la foudre. Il fonctionne à l'instantané. Il gère les projets et œuvre sur le terrain. Il calcule, analyse, opère, soigne, ré-encode la génétique.

Tout en Un.

Il est Tout. En Un.

Pluridimensionnel, empli du Tout.

Mon corps est gelé. La chair de poule recouvre l'entité de mon enveloppe charnelle et mon intérieur est polaire. Les étoiles continuent de s'exposer à mes yeux, ainsi qu'une multitude de visions extra-planétaires. Je dois faire une pause.

Filer au petit coin en vitesse. Mon ventre lâche tout. L'information semble l'avoir secoué.

Le lendemain.

Je continue de jouer la transparence avec vous car « on » m'explique que c'est important. Hier, la transmission « question qui brûle » a duré, tout au plus, dix minutes. Mais l'impact fut tel que je me retrouvai littéralement scotchée sur le canapé durant trois heures, emmitouflée sous une couverture, mon ordinateur fermé.

Transie, le cœur et les poumons en Feu. À nouveau, ce n'est pas un Feu qui brûle. C'est difficile à retranscrire en mots. Ce Feu était suffisamment brûlant pour me faire croire que j'avais un grave problème de santé.

Inquiète, je demandai à ***Jésus*** si j'étais au bord de l'infarctus.

En guise de réponse, je fus assommée par le sommeil et le calme le plus profond qui soit pendant tout l'après-midi. Lorsque je me levai un peu groggy en début de soirée, les symptômes physiques s'étaient envolés.

Je dois également mentionner le fait suivant.

Hier matin, je parlai au téléphone avec **S**. et il me dit ceci :

« Aujourd'hui, tu vas *mollo* avec le téléchargement. Vas-y doucement. Par étapes. »

Je n'ai pas compris sur l'instant pour quelle raison il m'avertissait de la sorte. C'était la première fois qu'il insistait pareillement sur le dosage de la canalisation.

Je vous assure que dorénavant, je l'écouterai avec encore plus d'attention. En effet, ces petites minutes de travail étaient d'une intensité que je n'avais jamais expérimentée. Ces multiples secondes pourraient être comparables à l'image d'un jet sous haute pression cherchant à transiter par une paille (moi !)...

D'ailleurs, je m'aperçois qu'au fil des semaines le volume augmente graduellement. La vibration s'intensifie bien au-delà de tout ce que j'aurais pu imaginer possible.

Cet épisode m'a grandement assagie par rapport au rythme de croisière que mon organisme est en mesure de gérer ! J'apprends toujours et encore.

À présent, je suis disponible.

Je vois une pluie d'astéroïde au fin fond de l'espace. Dans une galaxie nommée Orion vit un peuple avancé technologiquement.

Jésus m'indique.

« Technologie du Futur. Ils font partie de l'Alliance.

Pointus, jusqu'à la moindre parcelle d'information.

Etudient le microcosme, connaissent le macrocosme.

Ils s'intéressent de près aux Humains qui représentent le Minuscule.

Tel un insecte disséqué, analysé.

Evolution primale face à l'immensité de la Connaissance. »

Je reprends.

Qui est **S**. ? Quel est le lien ?

« Scientifique accompli. Accomplissant ces activités d'importance existentielle.

Pour la Terre, pour l'entièreté de la planète bleue précieuse dans l'Univers.

Importance capitale de l'écosystème unique. Puits de toutes ressources naturelles.

Directeur du projet. Multidimensionnel. À l'ouvrage. En tous sens. Plans multiples.

Densités parallèles oeuvrant de concert.

Tous en un. Un contenant tous. Tout. »

Je vois **S**., comme une figure d'autorité spatiale. Il mène des équipes de scientifiques. Mais je perçois le chef extra-terrestre et l'expérimentateur terrestre en même temps.

Toujours S., sous multiples formes.

Ouille!... Mon cerveau explose. Calme. Calme. Doucement.

Comme les couleurs de l'arc-en-ciel, **S**. se décline sous formes multiples.

« Sagesse. Privilège contact de cet être avancé.

Incluant l'impossible sous forme physique. Intégration exemplaire.

Exemple pour tout être désirant évoluer sur cette planète.

Privilège écarté par nombre d'inconscients.

Sélection naturelle, de par le niveau de conscience. Base de tout.

Porte d'entrée à la compréhension véritable de la voie simple et directe vers la Source.

Vers le Centre.

Rempart contre attaque de l'inverse, de la force contraire.

Il l'a bravée, vécue, transmutée loin dans ses cellules.

Ainsi peut-il mener le chemin. Guider, puisque la vision est totale.

Toutes les directions. Trois-cent-soixante degrés et au-delà. »

Je vois des échanges entre d'autres peuples intergalactiques. **S**. fait le lien.

Le dosage est bon. Je m'arrête. 13 heures 33.

Trente minutes plus tard. Je sonde mon corps, attentive à toute réaction de saturation.

Rien à signaler. Tout est bien. Apparemment, je peux continuer.

Je vois ceci. Communications entre les peuples. Va-et-vient permanent d'informations. Concertations au sommet sur les décisions à prendre pour cette planète précieuse surveillée avec soin.

Je distingue des peuples dont l'apparence est variée. Visages dignes des films de science-fiction.

Pardon, je ne veux pas manquer de respect mais c'est une image facile à se représenter sur Terre.

« Passe au-delà de la représentation.

Etres et cultures honorables méritant le respect total, oeuvrant pour le Bien.

Terriens, créatures primitives provoquant les guerres par leur sottise absolue.

Basse fréquence et compréhension limitée. Rasant le Bas.

Collés par ce marasme de pensées toxiques pour notre chère planète.

Joyau. »

Je sens au fond de moi l'investissement de ces peuples qui aident, portent assistance aux Humains dans leur maladresse. Ils ne jugent pas, ils surveillent et limitent les dégâts. Ils contiennent.

« Porté volontaire. Feu ardent invincible brûle en **S**.

Accepter d'intégrer une forme matérielle, au milieu de ces êtres humains dangereux, est courage.

Détermination et ultime sacrifice accepté pour agir dans la matière.

Endosser le poids de cette limitation corporelle est souffrance.

Transmutation en son contraire. À l'instar de l'exemple que je fus.

Transmutation de son contraire. Ultime sacrifice.

Souffrir dans la chair pour transmuter l'énergie en lumière.

Impact immense sur l'univers tout entier, que ce sacrifice ultime.

Ainsi, es-tu prête ? Es-tu prête ?

Endosser la responsabilité de transiter la flamme pour les êtres.

Pour les générations futures, afin d'alléger la Terre de ses poisons. Poisons multiples.

Terre, eau, air, pensées.

Que de désordre en ce monde dont il faille transmuter l'Essence !

Essentiel. Base.

Brûler pour rendre le sol fertile.

Ainsi sont purifiées par le feu, les toxines.

Tout poison, afin de laisser libre cours à la Source. Source dans son ampleur infinie.

Es-tu prête à brûler de l'intérieur pour extraire les empreintes erronées afin que mes empreintes les remplacent ? Jusqu'à l'ultime sacrifice.

Extraire l'ancien absolu pour laisser émerger le Nouveau.

Réinventer et changer de peau. Vois-tu à présent le lien ?

Je brûle de l'épée de la vérité les traces anciennes, obsolètes vestiges d'un passé décalé de l'Axe. De la Source.

Exemple. Afin de montrer la voie. Voie pour tous. Ne former qu'un.

Purification indispensable pour soulager l'Univers qui ne sait tolérer ces poisons.

Esprits humains ravagés. Entretenus dans une énergie stagnante.

Devant retrouver le mouvement, source de vie.

Obstination sans fin. Qui connaitra une fin.

Imposée par l'éveil inévitable, imparable qui naît. »

Est-ce correct, ce que j'écris ?

« Oui, parfaitement bien. »

J'ai interrompu la transmission pour la journée et ne ressens aucune gêne physique.

Je ne sais si ma capacité à intégrer les vibrations a augmenté ou si les messages se sont adaptés à ce que je peux suivre, mais le résultat est confortable.

Je n'ai pas froid et ne suis pas bousculée.

Au moment d'aller dormir, ***Jésus*** se manifeste à moi.

Je vois clairement son visage de près. Les détails de sa peau, ses cheveux sont perceptibles avec une aisance toute naturelle. Il semble déterminé à me montrer certaines images.

Toujours un peu inquiète de perdre mon ancrage, je lui demande si cela peut attendre demain.

Visiblement c'est important.

Jésus connait ma peur de glisser. Il me mène.

Il me montre différents moments de sa vie. Des *flashes*.

Il insiste sur les visions de ses chutes lors de la souffrance ultime. Je vois ***Jésus*** tomber à terre dans la poussière et se relever. Se remettre sur pied, malgré le lourd fardeau qu'il porte. Et retomber à nouveau pour se relever encore. Envers et contre tout. Il se relève.

Une sensation indescriptible me submerge. L'impression que le code exact est entré. Code qui ouvre la porte du coffre-fort blindé. Clac. Superposition. Prise de conscience.

Je vois la tête de ***Jésus***de face qui est immense et magnifique. Les couleurs sont merveilleuses. Cela ressemble à une vision holographique, empreinte de couleurs pastelles, pures et intenses. Je distingue le visage rayonnant de ***Jésus*** en train de regarder une espèce d'explosion d'étoiles qui, elle, est minuscule.

Il y a un contraste saisissant entre la taille du visage de ***Jésus*** qui semble emplir l'univers, et la dimension de ce spectacle spatial. L'explosion semble être une miniature.

« C'est la naissance d'une Supernova. Une nouvelle ère. Un nouveau paradigme. »

Je distingue un homme debout, bras écartés.

« L'Homme Nouveau. La Croix.
La tête avec le Père.
Les pieds sur la Terre.
Les bras ouverts à l'alliance.
Alliance horizontale.
Macrocosme. Microcosme. »

Les mots paraissent si significatifs, que je me lève d'un bond. Je cours chercher un stylo et un cahier pour inscrire ces paroles car je me dois de les garder précieusement. Puis, je retourne m'allonger et m'endors.

Réveil. 8 heures 33.

Une force impérieuse me pousse vers mon ordinateur. Ni manger, ni boire, avant de répondre à cette priorité. Il me faut transmettre. Cela prend toute la place et je me hâte d'écrire.

Une fois les termes clefs notés, je demande à ***Jésus*** s'il a une suite à ajouter.

En effet, je ne saurais que dire ou comprendre.

Quel est le sens ?

« Tisser les liens identiques à ceux créés dans l'univers.

À une échelle différente. Mais, ô combien essentielle !

Quadrillage de la Terre par ces unions entre les hommes pour le bien de l'humanité, de la planète et de l'univers tout entier.

Car ainsi est-ce juste.

Ainsi, est-ce l'Ordre.

Seul Ordre structuré selon les lois saines de l'Univers, lois universelles immuables dans leur sagesse et leur absolue justesse.

Que les liens soient de lumière pour le nouveau paradigme.

La vie qui renaît dans sa justesse initiale.

Dans sa pureté infinie rétablie selon l'Ordre originel.

Cesser les interactions qui effilochent à petits feux ce réseau d'êtres humains.

Consolider dans la Lumière, la Cohésion du Tout.

Afin que sphère absolue et parfaite puisse naître à nouveau.

Densification profonde, pour un recouvrement homogène de toute la planète.

Rétablir la vie et cesser l'ignominie.

Le non-respect de la vie est ignorance et chaos. Imprégné de pollution.

Création humaine déviante de l'Ordre qui est pure Vie.

Homme nouveau naît et naîtra inlassablement jusqu'à ce que les couches et les sous-couches soient purifiées de poisons destructeurs.

Marée de lumière traversant les sphères jusqu'à la substantifique moelle de cette planète. Dissipant les erreurs. Les égarements. Les mensonges et toute folie.

Le reflet de l'infini petit est le reflet de l'infini grand.

Unis en une cohésion absolue formant la sphère de Lumière.

La Source.

Supernova dans sa puissance absolue.

Création de la Vie. Renouveau. »

46. Parenthèse terrestre

Un jour s'est écoulé.

« Parle de mon accompagnement. »

Chers Amis, je vais donc introduire ici une nouvelle parenthèse.

Par où commencer ? Il s'est passé tant d'événements…

Essayons simplement.

Qui dit transition de mots de Feu, dit nettoyage proportionnel intérieur.

Je traverse des modifications internes considérables au gré des transmissions.

L'épreuve du Feu.

Un soir, je connus une montée en puissance particulièrement violente de l'une de mes peurs viscérales. Je vécus l'émergence d'une peur paroxystique qui eut raison de mes résistances. Je craquai.

Mais ***Jésus*** veillait. Vraiment.

Il intervint instantanément et me couvrit d'une énergie de guérison.

Il me dit : « Ne crois-tu pas que ma puissance puisse venir à bout de Tout ? »

À cette seconde je compris que je suivais un processus. Je passais des étapes de purification durant lesquelles mes programmes erronés intérieurs remontaient à la surface et étaient nettoyés.

Chaque couche purifiée me rapprochait de ***Jésus***. Mes peurs étaient le barrage et, de les lui confier en toute confiance, réduisait la distance entre nous à néant.

Hier après-midi, je ne pus travailler. Je restai allongée au chaud durant des heures. Mes poumons et mon cœur semblaient en difficulté. J'avais l'impression de ressentir les gênes que j'avais endurées lors de ma pneumonie à l'âge de treize ans. Des mémoires anciennes transitaient. Ce n'était pas la forme. Non, c'était tout le contraire.

Mes symptômes disparurent en soirée et je saisis que j'avais traversé une autre des nombreuses purifications.

Lorsque ***Jésus*** promet de guérir toutes les couches, je peux vous assurer que c'est une réalité tangible. Il n'abandonne personne et tient ses promesses.

Hier était une journée inconfortable physiquement et émotionnellement. Je passai par tellement de questionnements et de remue-ménage interne que je me couchai le soir troublée. Et c'est ici qu'entre en matière un élément clef.

Chers Amis, sur les autres plans existe un vaste comité de soutien.

Un véritable réseau d'âmes qui collaborent et soutiennent les Missions.

Les Missions de Tous. De Nous Tous.

Pour ma part, j'eus la visite dans ma chambre hier de plusieurs âmes, dont mon grand-oncle maternel. Je n'avais pas eu d'interactions avec lui depuis son départ dans l'au-delà. Ce fut lui qui s'adressa à moi. Je reconnus son flegme caractéristique et sa sagesse incomparable.

Cet homme, d'un grand charisme, avait participé au débarquement de Normandie durant la deuxième guerre mondiale et avait fait partie des soldats anglais qui avaient libéré plusieurs camps de concentration. Il était un être d'une bonté et d'une bienveillance rares. Il transpirait l'acceptation.

Mon visiteur me glissa avec douceur :

« Tu te rappelles quand je t'ai dit de ne t'inquiéter de rien dans la vie ? »

Jamais, ô grand jamais, n'aurais-je pu oublier ce soir d'automne.

Mon cher grand-oncle Jimmy fumait sa pipe en regardant le coucher du soleil et m'interpela. « Viens voir. J'ai quelque chose à te dire d'important. »

Et il formula cette fameuse phrase, « *de ne t'inquiéter de rien dans la Vie* », emplie d'une sagesse, que je ne pouvais embrasser du haut de mes dix-sept ans mais elle resta gravée dans mon cœur.

Il continua : » J'ai traversé la guerre. Nous sommes derrière toi.

Sois courageuse, sois vaillante, sois brave.

Nous sommes si heureux que tu fasses ceci.

Que tu entendes si bien ***Jésus***. »

J'avais besoin de ressentir ce soutien parce que je me demandais qui, des Terrestres, pourraient accueillir ces paroles transmises et les reconnaître. Cette confirmation de l'importance du rôle qui m'était attribué m'aida à persévérer en ce sens avec une Foi accrue.

Chers Amis, je suis à même d'offrir le témoignage de l'absolu soutien dont nous disposons tous. J'ai la chance de le voir avec clarté et il est de mon devoir de vous en informer, pour que vous puissiez également en faire l'expérience.

Jésus insiste sur le fait que j'inclue mes failles dans cet ouvrage pour que la distance, pouvant nous éloigner, diminue.

En termes simples, éviter toute mystification d'une faculté naturelle.

Contact pouvant être à la portée de tout être.

13 heures 03. Deux jours plus tard.

Cet interlude « *terre simple* » fut extrêmement reposant pour mon corps physique. Je suis encore plus heureuse de m'atteler à mon travail à présent. Mes mains sont bouillantes.

Jésus s'approche et me prend les mains. Nous tournoyons comme des enfants joyeux dans une ronde. Le ton est si léger, si insouciant.

« Je suis là aussi dans la danse.

Dans le chant, dans l'art.

Dans la technologie la plus pointue.

Dans la musique, dans l'enseignement spirituel, dans la récolte des plantes.

Dans la médecine. Tout pan de la Vie me concerne.

Vibration de créativité et de Joie. Authenticité. Vibration.

Expression de Vie dans sa composante d'élévation, quelque soit sa forme. Elle me concerne.

Tout chemin. J'inspire.

J'insuffle l'information à tout niveau de cette réalité terrestre, afin de toucher tous.

Chacun dans son secteur propre. Tout est important.

La gaieté du cœur, seul vecteur important de vie.

Peu importe la forme, l'ampleur.

Toute parcelle d'authenticité de lumière est indispensable à émettre.

Chaque unité propagée est sans conteste un élément phare pour le tout.

Contribution inestimable au tout, aussi infime aux yeux des hommes soit-elle.

Ce n'est la pas la grandeur mais la pureté de cette émergence qui lui confère la puissance. Une lumière infiniment petite peut cisailler les troncs les plus épais.

Intensité dépassant tout obstacle à l'émergence de la lumière.

Que les êtres retrouvent la rondeur.
La non- aspérité. Dans tout.
Danse arrondie pour propager l'énergie pour tous.
Expansion vers l'extérieur.
Créant ainsi une onde se propageant à l'infini pour toucher tout.
Non vers soi, non pour soi. Mais à partir de Soi, du Soi le plus pur.
Le plus centré qui soit en sa lumière, pour se diffuser à l'extérieur sans effort et sans retenue. Ceci dans tous les niveaux.

Médecine, ô art divin, combien noble. Médecine.
Don de sa connaissance pour le bien d'autrui.
Restaurer la santé par des informations de la Source.
Intégrer l'âme et la conscience dans cet art merveilleux.
Partir de l'authentique don de connaissance pour le plus grand Bien.
Autre chemin, chemin tronqué.
Collaboration avec la Source. Allier connaissances avec la Source.
Humilité et compétence dans la plus belle des coopérations pour le salut de l'Humanité.

Abattre la peur, fléau rongeant les chairs et les pensées.
Que le guérisseur se guérisse et soit humble pour montrer la voie.
La voie alliant Source et connaissances mondiales.
Echanges de compétences. Tous unis pour la bonne marche de la Terre.
Réseau infaillible.
À présent encore affaibli par des erreurs d'abord. Erreurs dans l'angle de vue.

Elargir. Toujours élargir l'angle pour saisir l'entièreté du tableau menant au salut.

À la santé. Santé absolue de l'être. Le chemin est long. »

Jésus, est-ce correct ?

« Oui, je suis plus proche des affaires de la Terre aujourd'hui.

Ainsi, restes-tu à proximité. Car, ensuite, plus haut tu monteras. »

Changement de ton.

Je vois des pyramides. Au nombre de trois.

« Transmets. »

Sont-ce des pharaons ? Sceptre.

« Peuples anciens détenant un savoir puissant.

Onde de forme, formes puissantes pouvant exterminer et guérir.

Seul, le choix du côté définit l'effet. Tout comme, toute puissance.

Choix du noir ou du blanc.

Ce qui en est fait est le choix. Libre arbitre.

Savoir ancien préservé auprès de certains êtres.

Ceci est la culture issue des Anciens. Des sages.

Peuples anciens ayant été exterminés par l'outrage de leur inconscience dans le maniement de certaines forces.

Atlantes. Technologie avancée et toujours de mise dans l'univers.

Livrée aux sages. Mathématique, physique.

Peuple de scientifiques très avancés ayant détruit leur planète par l'inconscience des effets de leurs recherches.

Veulent préserver la Terre des mêmes erreurs.

Ainsi, surveillée est la Terre par de nombreux peuples pour en assurer la survie.

Technologie ayant un effet profond dans la Terre et dans l'espace.

Création d'un quadrillage relié. Relié par la technologie transmise des Anciens. »

Est d'or. La cité d'or.

Je vois une cité dans laquelle évolue un peuple à la peau burinée par le soleil, en lien très étroit avec le soleil.

« Ramification de cultures sur toute la Terre. Excès d'erreurs. Correction actuelle.

Sera effacé le barbare, la violence.

Force détournée de sa nature profonde pour le pouvoir personnel.

Erreur de programmation et vision étroite de l'immensité.

Exactions en tous genres, sous couvert de pseudo foi, est outrancier et erreur monumentale dont il faudra porter les conséquences dans l'au-delà.

Ceci, afin de retrouver la justesse du sens.

Mise à l'épreuve et libre arbitre à tout instant dont la responsabilité est grande. »

Chers Amis, à ce stade je comprends les images qui m'ont traversée et m'ont à nouveau poussée à vouloir réduire le canal. Je n'étais pas sûre de vouloir « *aller là* ».

Je pris du recul et respirai.

Il se trouve que, depuis dix minutes, je saisis le lien des informations visuelles émises avec la notion de « parenthèse Terre ». Il m'est demandé de retranscrire des événements survenus sur Terre, dans la chair, et en contact direct avec le sujet en question.

En fait, on aimerait que je vous narre une aventure vécue.

Etant donné l'intensité de cet épisode, je vais me permettre de reporter à demain son écriture. En effet, « quelque chose » me signale qu'il ne me faut pas me précipiter.

Je reprends le fil.

Je distingue clairement les marches des pyramides. L'homme de pouvoir, un prêtre (?) est au sommet de cette construction et domine le peuple. Je ne désire pas voir les détails, car je perçois l'abus de pouvoir et les atrocités associées à cette usurpation de puissance.

Des gens sont morts. Des enfants, des femmes, des hommes, des animaux sacrifiés au nom de la folie humaine. Déviation du sens.

Je distingue l'énormité de ces actes terrifiants et empreints d'une violence inqualifiable.

À présent, je fais le lien.

Je vais vous conter notre expérience terrestre directement reliée à ces images.

Il y a de cela quelques années, **S**. et moi avons eu l'opportunité d'effectuer un voyage au Mexique. Notre lieu de vacances se trouvait proche de Cancun et à proximité des sites mayas. La nature dans cette région était simplement époustouflante avec ses forêts luxuriantes, sa mer limpide d'un bleu turquoise et ses plages de sable blanc.

Nous étions en quête de tranquillité et avions choisi cette destination pour le calme, la plage et le repos.

Il se trouve que ce paradis pour étrangers en vacances, se transforma rapidement en une souffrance pour nous, une véritable épreuve.

Dès le deuxième jour, un événement marquant survint. J'étais en train de me préparer dans la chambre avant de rejoindre **S**. qui s'était levé tôt pour poser ses pieds dans le sable chaud et admirer la vue imprenable sur la mer. Contre toute attente, je le vis passer la porte de l'appartement, le visage décomposé. Une mine totalement déconfite, alors qu'en me quittant au matin, sa bonne humeur habituelle avait ensoleillé mon réveil. Un air grave et perturbé assombrissait son regard.

Inquiète, je lui demandai ce que s'était produit pour qu'il soit si mal.

S. m'expliqua : « Tu sais, j'étais tranquillement installé sur le transat et des personnes se sont approchées de moi. Non pas des individus physiques mais des défunts. Nombreux. Ils ressemblaient aux membres d'une tribu et avaient le visage peint en blanc. La peau foncée et recouverte de blanc. Un aspect similaire à des maquillages de tête de mort.

Puis, ils se sont écartés et un homme portant une espèce de coiffe – ce devait être un chef- a déposé un crâne de cristal devant moi, en signe d'offrande. Il m'a fait un cadeau.

Mais, moi, je n'ai pas voulu toucher ce qu'il m'offrait.

Je voulais juste qu'on me fiche la paix pour une fois. Je n'ai rien demandé ! »

S. était visiblement ébranlé et décida de prendre une douche pour se détendre.

Pendant qu'il profitait de l'eau bienfaitrice, je m'emparai d'un livre touristique et le feuilletai machinalement. Mes yeux tombèrent instantanément sur une photo représentant de gens dont la face ressemblait en tous points à la description que **S**. venait de me faire !

En vérité, les images qui avaient été transmises à mon conjoint, étaient issues de la culture locale. Il n'était pas anodin du tout d'être en contact, sur un autre plan, avec cette lourde histoire.

Mon ami se transforma en véritable pôle d'attraction.

Toutes les personnes décédées (des milliers) venaient solliciter **S**. sans interruption pour accéder à la lumière. Se servant de lui pour aller là où elles auraient dû se rendre depuis leur départ du monde matériel. Une foule d'âmes perdues le suivaient sans arrêt, ayant enfin trouvé un être en mesure de les aider à retrouver le chemin.

Son sommeil devint inexistant.

À l'époque, je n'avais pas encore eu le courage de lâcher mes blocages et je ne percevais pas clairement ce qui se déroulait pour **S**. Je sentais le poids et la charge affreuse de ce qui prenait place sur d'autres niveaux mais je ne distinguais pas précisément ce qui générait cette horrible énergie, l'origine d'un tel marasme.

Suite à ces perturbations inattendues, je pris soin de m'informer davantage sur les anciennes traditions perpétuées dans cette région du continent latino-américain et réalisai, qu'étaient jetés par le passé, dans les lacs d'eau douce, les morts sacrifiés...

Si le simple fait que mon ami se pose au soleil provoquait une telle attraction d'âmes en peine, qu'en serait-il d'une visite des sites anciens ?

Il était absolument hors de question de s'exposer à davantage de souffrances !

Inutile de mentionner que nous ne nous rendîmes nulle part. Nous restâmes loin de tous ces lieux et avions vraiment hâte de partir.

Le soir, lors des repas, j'écoutais les touristes s'émerveiller de leurs promenades et baignades du jour avec un enthousiasme débordant et je ne pouvais pas concevoir que ces personnes ne sentent rien, qu'elles ne soient nullement dérangées par l'énergie ambiante. Les observer être si joyeuses me parut incroyable... Décidément ma sensibilité était bien différente de la moyenne de la population. Et celle de **S.**, encore plus lointaine !

À présent, je communique avec mes co-auteurs afin de comprendre pourquoi j'ai dû faire mention de cet épisode particulier.

Jésus prend le relais.

« Signe de reconnaissance. Ces êtres désincarnés ont reconnu **S.**

De par sa lumière, ils l'ont pris pour un dieu.

Leur vision était telle, archaïque, plaçant **S.** en dieu car reconnaissant ce qu'il amenait dans la matière. Evolution.

Le crâne, un présage.

Reconnaissance de l'œuf et nombre de technologies avancées introduites dans cette dimension. Signe d'honneur. Frôlant la soumission. Devant évoluer.

Extrême lumière attire extrême détresse.

Ascenseur vers le haut, saisi avec le désespoir de celui qui souffre.

Ainsi attirés vers **S.** pour accéder à la libération de leur prison dans les basses énergies. »

14 heures 33.

47. Technologie et Science

G., un éminent chercheur-inventeur s'approche :
« Tu m'entends ? »

Oui, clairement.

« Merci.

Il y a si longtemps que je cherchais un mode de transmission. À présent tu écoutes. C'est bien.

Technologie. La technologie n'est pas ce qu'ils croient.

La structure est simple et basée sur des modes en axe avec tout ce qui existe dans la vie sur cette Terre. Première ligne de conduite.

L'axe inspiré de la vie. Tout est champ d'énergie.

En faire abstraction est non accès à la base.

Champs d'énergie qui, lorsqu'utilisés en amplification, répètent le processus vital.

Ampleur accrue pour compenser les vides et les manques de contact.

Connexions privées de la source. Champs scalaires non utilisés à leur pleine capacité.

Recherche importante pour élargir les spectres de lumière. Composants indispensables dans toute approche de guérison. Spectres lumineux à utiliser régulièrement, nourriture des cellules bien au-delà de toute matière physique.

Bains de jouvence procurant la ré-harmonisation et l'éveil des échanges inter- cellulaires. Apportant la lumière aux cellules. La guérison est lumière. L'élément guérisseur est lumière.

Tous les spectres, que le corps sait sélectionner pour son plus grand bien.

Déléguer à l'enveloppe matérielle le choix de la sélection.

Ainsi large panel est utile et éventail regroupant tous les spectres.

Haute vélocité. Accélération des échanges inter et intra- cellulaires pour rendre les connexions internes performantes. Au-delà de l'acquis. Possibilité de dépasser la base.

Dépasser la limite connue pour tendre vers l'immortalité. Concept de la vie.

Trésor de connaissances qu'il serait bon d'unir.

Que les chercheurs s'unissent pour le plus grand bien de tous.

L'isolement est ce qui tait l'avancée.

Que les chercheurs s'unissent et nous les inspirerons.

Nous car nous sommes un réseau de scientifiques de l'autre côté qui sommes avides de transmettre pour contribuer à la transmutation dans la matière.

Je fus en avance et j'exultais de joie à chaque découverte.

C'était ma mission et je crus pouvoir la rendre accessible à tous pour que nous en finissions avec les maladies.

L'argent et la cupidité humaine sont le fléau majeur qui nuit à cette population.

Combien injuste le pouvoir et combien révoltant la pensée rigide des détenteurs de pouvoir.

Ainsi que s'unissent les esprits dotés de conscience et que s'unissent les êtres mus par une mission de recherche technologique car nous sommes à côté.

Nous saurons inspirer les directions clairement de façon à outrepasser la tendance de répression. Répression au détriment des malades, des opprimés et des souffrants.

Le mince fil peut transcender les couches pour qui sait entendre avec humilité et conscience. Eveil. Me réjouit.

Me réjouit en profondeur de l'âme l'unification des êtres se servant de ma technologie pour le plus grand bien de tous.

Ainsi seront-ils consolidés par moi et le réseau m'entourant puisque la densification s'opère. Densification pour ne former qu'un. Réseau de terre, réseau de ciel.

De toutes dimensions, de tous niveaux, de tout. Tous unis en Tout.

Scientifique, spirituel, vie. Réunis.

Ainsi, nomme ma joie. Sois ma voix.

Moi qui arbore la recherche pour le bien comme mon centre de Vie.

Promouvoir la santé et la liberté pour tous, afin que chacun dispose de la même chance de mener sa mission à bien pour le Tout.

Soutenir, compenser, ré-harmoniser, vitaliser, élever. **Partager**.

Dis-leur que les connaissances ne se gardent pas pour soi. Que cela est mort.

Dis-leur que les connaissances s'échangent pour l'amplification du tout.

Pour le bien de tous.

La différence est erreur. Erreur monumentale.

Loin de l'égo, humilité et accès au partage.

Je me réjouis.

Grâce aux échanges, les détails seront intégrés, afin d'avancer tous ensemble.

Que de joie, cette collaboration ! Que de libération !

Que les Humains s'ouvrent aux nouveautés au niveau de la santé.

Qu'ils ouvrent un autre regard, élargi.

Recherches russes, médecines quantiques, champs énergétiques.

Qu'ils prennent des chemins nouveaux inspirés par leur divine voix intérieure.

Celle-ci aura ainsi la possibilité de s'affiner et de les mener à bon port.

Nous sommes nombreux à avoir été tus. Mais l'information passe malgré les résistances.

À présent tu pourras être ma voix également.

Je me réjouis de la réunion des êtres qui oeuvrent pour le bien et qui permettent à mon travail de continuer à exister dans le monde matériel.

Ce n'est pas en vain. Mon travail n'est pas en vain.

Remercie-les pour moi car ils sont courageux et forts.

Fier d'eux tel le serait un père.

Un père dans la perpétuation de cet art de soigner si noble.

Je les seconde. Ils ne me voient pas tous.

Mais annonces-leur ma présence pour qu'ils sachent, jusqu'à ce qu'ils m'entendent eux-mêmes.

Je suis prêt. »

Quelle belle âme. Quelle belle âme. Merci.

N., un être visionnaire et précurseur, vient communiquer à son tour.

« Avènement de l'ère électrique. Innovation révolutionnaire qui modifia radicalement la lumière. Conduits électriques inconnus à l'ère de ma vie terrestre dont je fus le pourfendeur. Pourvoyeur. J'introduisis cette transformation de compréhension physique.

Stimulateurs électriques. Champs électro- magnétiques expérimentés durant mon existence. Passion irrépressible dans tous secteurs, tant le champ de recherche est vaste.

Sur plusieurs fronts. Ai voulu élargir le panel pour mes contemporains.

Non prêts et dont la conscience ne fut pas mature. Maturité.

Il faut de la maturité de conscience pour saisir l'ampleur de ce que j'introduisis dans la matière, tel un impact de bombe.

Ils n'étaient pas aptes. Conscience immature cherchant à détourner à son profit.

Energie détournée du sens. Du sens.

Jusqu'à ce qu'ils acceptent, va-t-il falloir des millénaires et passer encore de nombreuses guerres. Guerres, énergie perdue loin du sens véritablement constructif.

Autre paradigme, inversion à cent quatre-vingt degrés.

Troquer la destruction pour la construction.

Ai su créer de multiples énergies.

Energies pouvant œuvrer pour l'humanité et une qualité pour tous.

Détournée du sens. Du Sens de la Vie.

Involution au lieu d'Evolution.

Pourtant devais-je exprimer ces sciences, sans quoi, je me serais étouffé.

Etouffé par toutes ces connaissances en moi devant être divulguées au plus grand nombre.

Une trace dans la matière. L'empreinte, la graine.

Contribution de connaissances transmises par des scientifiques sur d'autres plans qui m'étaient familiers. J'étais la prolongation dans le concret.

La main physique qui démontrait l'infini champ de possibles pour tous.

Ils n'ont pas compris.

Ils ont voulu effacer ce qui les aurait nourris, au-delà de tout ce qu'ils auraient pu imaginer.

Ainsi font-ils encore. Combien de temps pour accepter l'inversion ? Des millénaires ?

Faut-il arrêter cette lente destruction puisqu'ils s'obstinent dans leur ignorance limitée ?

Lumière, énergies, contacts électriques, champs pulsés, écologie, générateurs.

Le champ des informations était vaste.

J'ai essayé de promouvoir au maximum de mes capacités pour donner. Pour donner.

Donner et non garder pour soi.

Que d'infantilisme ! Que de puérils modes de pensée !

Depuis longtemps aurions-nous pu nourrir toute la planète, tous les êtres, les plantes, la terre, en Tout. Depuis si longtemps. Que de stagnation !

Ceux détenant le pouvoir veulent retenir l'avancée.

Qui se fera en puissance, proportionnelle à la répression dont elle a fait l'objet depuis des décennies.

Pourquoi refuser ce qui est Bon ?

Pourquoi vouloir maltraiter ses pairs alors que nous sommes Un ?

Quand retrouveront ils leur mémoire ?

Mémoire occultée par les pollutions incessantes du mental humain.

Ainsi, merci de transmettre ma voix.

Nous sommes nombreux à vouloir collaborer à un monde terrestre nouveau.

Un réseau d'experts, ayant chacun nos réseaux, s'étendant dans l'univers.

Cohésion de la connaissance pour cesser l'ébauche.

Que l'œuvre d'art prenne forme.

Une et unique voie dans la Justesse de la Vie.

Unique destination, unique sens qui perdurera éternellement.

Pour l'instant, c'est assez.

Mais je suis en contact et je regarde. »

Générosité est ce qui qualifie l'énergie de cet interlocuteur exceptionnel.

Je me sens honorée de la confiance de ***G.*** et ***N.***

Quelques minutes plus tard.

Une énergie cristalline me recouvre. Extrêmement haute vibration, translucide. Fine, subtile et pure.

H. :

« Ne cherche pas à décrire nos énergies qui sont complémentaires.

J'ai inculqué le bon sens de mon temps.

M'a été transmise la base des éléments constituant cette planète.

J'ai communiqué le mode d'utilisation des éléments, ingrédients présents sur Terre. Constituants basiques de cette planète dont le mode manquait.

Mode de dosage et de cohérence.

Harmonie. Mon rôle fut la science du maniement des éléments naturels dans leur harmonie pour le corps humain.

Maintenir la santé sur les plans indispensables.

Physique, mental, émotionnel, spirituel, causal.

Lien avec la Terre.

Pierres, mes chéries ! Pierres, mes chères pierres !

Me parlaient à l'oreille de douces musiques.

Cristaux, rivières, arbres, écorce.

Sève intrinsèque de la nature transposable au corps humain, merveille d'ingénierie.

Outil phénoménal, échanges inter- cellulaires lumineux.

Aidés par mes pierres chéries et les substrats.

Tous les substrats de la nature maniés, selon le protocole de la Vie. Que j'ai transmis.

Heureuse de la reconduction par les spécialistes. Suis heureuse du lien non perdu.

Ecritures inspirées par mes connections précises pour la science naturelle.

Ah, si la cohésion du tout pouvait se matérialiser !

Combien nous serions à collaborer à la plus lumineuse des guérisons.

De la planète, mère générateur.

Et par voie de communication, à ses occupants provisoires dont la responsabilité est grande !

Locataires, comme nous le fûmes.

Mais la Terre nous importe depuis notre niveau différent, notre planète à cœur.

Cœur de l'univers pulsant d'un écosystème généreux.

D'une diversité qu'il faut respecter.

Attristée par le net recul. Oui, régression, j'ose le mot, car depuis si longtemps un mode d'emploi matériel. Toutes les aides, une à une, tues.

Ridicules, les enfants. Oui, enfants jouant avec le feu.

Pourtant la vie matérielle est le cadeau de contribution le plus fabuleux qui soit.

Pour promouvoir le Bien et faire grandir son âme pour amplifier le Tout.

La pulsation de la Vie sur Terre. Pulsation, tel un cœur. Un cœur géant. La Terre a un cœur.

Attristé par ses occupants qui ne savent.

Ne savent quelles conséquences suivront leurs actes dans l'au-delà.

Ainsi est-ce bien que tu le fasses.

Ainsi que je le fis. Prévenir. Les prévenir pour la suite.

Suites dans l'au-delà, car cela les poursuivra jusqu'à ce qu'ils corrigent.

Corrigent leurs erreurs à partir de la Source.

Racine. Ils devront retourner à la racine du détournement du sens pour corriger.

Ainsi sont les lois universelles.

Correction devra prendre place ici et au-delà, en un incessant mouvement vers la Vie.

Cohésion absolue est la destination dont chacun doit prendre part à son niveau.

Evolution incessante. Amplification de la lumière et vitalité sans bornes. À jamais.

Commencer par la base. Dis-leur de retourner aux bases transmises depuis des décennies pour retrouver les vibrations initiales. Axées sur la Source.

Base. Repère. Centre. Lumière. Vibration. Vie. »

H. éclate de rire car elle exulte de savoir ses mots retranscrits dans la matière.

« Alleluïa ! » Dit-elle.

Petite pause.

Jésus.

« Je te mène.

Transmets. »

Je suis sous l'eau. Dans le fond des océans. Il y a des populations qui travaillent. Au centre de la Terre, loin de toute observation. Invisible va-et-vient. Connexions entre le centre de la planète et l'univers.

« Tréfonds des océans, miroir de l'univers.

Micro-vie, macro-vie.

Réunies selon l'Ordre.

Espace infini contenant la base des informations, tout comme la contient l'univers.

Ainsi miroir. Miroir dont seul diffère le support.

Ecran témoin. Témoin des événements répertoriés accessibles, telles des archives.

Système d'ordinateur. Pixels, informations.

Structure précise permettant l'étude détaillée de toute information.

Rien n'est caché. Tout est inscrit. Tout, même la plus infime des informations.

Ainsi, tout est répertorié et servira.

Structure servant une échelle plus large. Référence exhaustive pour démontrer l'état.

L'état des hommes et l'état de la planète.

Impact bien plus large pour les futures générations qui, elles, seront déjà informées en amont.

Sauront aller puiser l'information pour accélérer l'évolution.

Bol d'air frais puisqu'aisance accrue au fil des générations à venir.

Ecouter, sentir, étudier.

Selon l'Ordre rappelé dans leurs gènes, ne pouvant souffrir d'effacement.

C'est inscrit, immuable pour l'implantation de la nouvelle ère.

Ere prolifique et curieuse d'avancer. Inversion prendra place.

Minorité deviendra majorité.

Majorité deviendra minorité, jusqu'à disparaître.

Construction prendra le pas. Le pas ultime pour la sauvegarde de la santé.

La santé de Tout.

Que les âmes prennent garde. Prennent garde à leur choix.

Car ceux-ci détermineront leur survie physique et l'émancipation de leur conscience.

Qu'ils s'éveillent grâce à nos paroles communes désireuses de les mener.

Les mener vers une nouvelle vision de leur propre devenir.

Etres bienfaiteurs des mers, qu'ils poursuivent inlassablement leur protection, ô combien nécessaire !

Etres agissant pour la vie de tout élément, heureux soient-ils, car sont-ils dotés de la compréhension de l'Ordre. Seul Ordre pouvant perdurer.

Le reste, hors de l'Ordre, ne sera plus.

Alliance horizontale, ô combien créatrice de lumière.

Densification pour l'assainissement général. »

48. Autres peuples

Pléiades. Concentré d'étoiles au fin fond de l'univers, brillant de mille feux. Tous les spectres de la lumière, d'une intensité incroyable, vibrent d'une puissance de beauté inimaginable. Cela est clairement visible lorsqu'on regarde cette région depuis une distance certaine. C'est beau. C'est spectaculaire.

Les ***Pléiadiens***. Peuple de très grande taille dont les cheveux sont longs et clairs, blonds. Ils dégagent une énergie merveilleuse. En leur présence, je ressens un état de profonde sécurité et douceur. Sécurité. Oui, c'est le terme exact.

Au contact de ces êtres, tout est tranquille. Ils apaisent l'esprit et sont dotés d'une bienveillance-conscience extraordinaire. Leur science est immense.

« Nous aimerions prendre la parole à travers toi. Es-tu en accord ? »

Absolument disponible. Un honneur et une joie.

« Nous avons été disséminés. À une époque désormais révolue.

Nous fûmes victimes d'atrocités perpétrées par des peuples inférieurs. En nombre. Intelligents mais néfastes. Notre faiblesse passagère se mut en une force, au gré des années-lumière, pour aboutir à notre sérénité actuelle.

Liée à une surveillance rapprochée du Tout. Nous surveillons.

Mentionne notre croix. »

Ils me montrent un signe distinctif. Cela ressemble à une croix ansée. Le dessus est en forme de boucle.

« Ceci est notre emblème, signe de notre peuple. Signe de reconnaissance.

Explique-leur ceci.

Existent énormément de densités. De mondes.

Le monde dans le monde dans le monde.

Nous sommes en parallèle avec d'autres mondes. Dans un autre secteur.

La classification de ce qui existe dans l'univers est infinie.

Une multitude que tu ne peux aborder, chère.

Non, nous transmettons ce que tu peux transférer avec aise.

Non pas surcharger ton esprit car digérer il te faut.

Brûler les étapes serait folie. Nous surveillons et protégeons ton système nerveux.

N'aie crainte.

Parallèle. Autre secteur.

Nous faisons partie de l'Alliance.

Nous avons guerroyé mais nous optons pour la paix. Paix est centrale.

Vaincre par la paix et non la force. Aplanir pour évoluer, tel est le sens.

Barbarie avons-nous surmontée pour ne laisser survivre que la paix.

Autre chemin, erreur destructrice.

Nous possédons la science des Anciens dont nous nous servons avec talent.

Nous désirons transmuter les esprits vers un éclairage noble.

Noblesse du sens. Sens de la Vie.

Tu as été reine dans une autre vie.

Reine sage et forte. Ne te souviens-tu donc pas ?

Grandir signifie accepter ta noblesse. Noblesse d'âme et haute conscience.

Ô combien étouffée dans ce monde matériel !

Ceci a le sens. Le sens de la transmutation.

Réintégrer la noblesse de l'âme dans la matière.

Car rien tu ne risques. Rien, uniquement l'incompréhension de tes pairs.

Ignorance peu importante aux vues du message que tu délivres de Nous.

Relativise cela car le monde dans lequel tu t'es incarnée ne dure qu'un souffle.

Qu'est-ce qu'une respiration face à l'immensité de la Vie absolue ?

Une particule minuscule. Mais pouvant être puissante au-delà de toute espérance !

Ainsi, ne néglige aucun détail. Aborde avec la franchise de celle qui sait cela.

Car cela sera ton armure. La connaissance sera ton bouclier face aux réactions.

À nouveau, cet ouvrage est un acte commun.

Une communauté y participe pour l'humanité.

Il ne s'agit pas de toi. Il s'agit de la vie des Humains.

Ceci est pour eux. Vers eux.

Il leur est destiné, afin qu'ils reçoivent l'information de ces existences multiples.

Afin que cela sème la graine dans leur esprit. Chacun aura sa chance.

Chacun recevra par rapport à son besoin.

Mais la graine sera semée. Seul, ceci compte.

Vois-tu comme nous veillons sur toi ? Vois-tu nos capacités ?

Ainsi ne crains nullement pour ton assise.

Nous t'assurons de notre soutien dans ta tâche importante.

Nombreux auront des réveils.

Intuitions. Rêves. Prémonitions. Toutes formes.

L'information parviendra à son but et ainsi, est-ce bien.

Mutation de la vie sur Terre vers une splendeur inégalée jusqu'alors.

Luxuriante nature décuplée.

Ressources en abondance, grâce au souffle.

Souffle de Vie propagée par ces mots que tu portes dans la matière.

Issues de Nous. Non, de toi.

Dis-leur. Provenant de Nous.

Pour qui pourra croire, ô splendeur de reconnaissance et de joie !

Car il se souviendra. Reconnaissance d'origines oubliées, couvertes de couches.

Dévoilées enfin à la lumière pour une harmonisation de l'être dans sa globalité.

Effet global. C'est cela. Large échelle. Bien au-delà.

Il est temps que tous les peuples s'unissent dans cette route commune.

Tu écris bien.

Enfin, une porte d'entrée à notre parole qui se languissait de transcender les couches jusqu'à cette densité. Ô combien épaisse !

Lien direct avec toi.

Humble faut-il être en tout temps. Ce n'est pas toi.

C'est Nous.

Pour le Bien des Humains et de cette planète.

Transmetteur choisi. Neutre. Tu te dois d'être détachée et neutre.

Sinon affect modifie la pureté.

De plus en plus, transmuter émotion en service. Service. Comprends-tu ?

Peu importe, les réactions.

Le service est d'Or. Neutre.

Porte-parole simple et direct pour être notre voix.

Nous désirons interagir davantage pour transmettre notre science et sagesse, mais peine perdue si nul ne saisit. Si nul n'a la conscience.

Nous patientons inlassablement.

La parole fend les couches, comme la lame fend la coque pour révéler le cœur.

Le cœur qui pulse de puissance immense.

Source. Atteindre la source en eux.

Lien permettant le contact avec notre peuple.

Nos pouvoirs. Ah, nos pouvoirs.

Les Humains ne peuvent voir pour le moment.

Conscience impitoyable.

Nécessité de la conscience pour éviter toute usurpation de pouvoir vers le désastre.

Désastre déjà vécu dans l'univers, ayant assagi les plus anciens.

Ainsi, ne seront aptes que les cœurs purs qui se souviennent de leurs origines.

Purs sans artifice ni pans cachés.

Car ceux-ci seront mis à la lumière et exterminés. Attention.

Donc attention à maintenir le fil d'Or vers Nous.

Seules, l'humilité et la conscience ouvrent la porte.

Tout autre est erreur.

Lien direct. Pur. Ainsi soit-il. À Jamais. »

Petit interlude.

À nouveau accessible.

La chair de poule ma gagne. Des êtres s'approchent et s'adressent à moi directement.

« Ne t'attarde pas sur notre apparence. Cela est désuet face à l'essentiel.

Ainsi, appartenons-nous à un autre peuple formant l'Alliance.

Te souviens-tu du branchement opéré ? »

J'ai effectivement ressenti un phénomène particulier lorsque je prenais mon déjeuner ce matin. L'impression d'être raccordée, par des espèces de fils, à un générateur-ordinateur.

« C'est une opportunité que de pouvoir retrouver cela.

Un lien plus direct afin que tu entendes et puisses supporter plus d'intensité.

Ceci te rend endurante pour la suite. Afin d'assurer tes connectiques internes et renforcer ton système nerveux. Auto-adaptation par rapport à ton avancée.

Ceci te permet de maintenir la cadence pour plus de sûreté.

Rien n'est hasard, tout est surveillé avec soin.

Un réseau t'accompagne car cela va durer longtemps. Il le faut.

Nous séquençons et rétablissons de nouvelles connections, afin de rendre le système efficace. Loin du trouble. Troublée ne seras-tu point.

Puisque nous veillons à l'harmonie des échanges inter-intra-cellulaires.

Oui, la technologie. Mais encore complémentaire.

Chacun possède des facultés diverses contribuant au Tout.

Distribuant la Force. Chaque secteur, sa spécialité.

Alliance de technologies et enrichissement, de par la diversité de nos facultés respectives.

Nous formons et reformons les ponts. Entre les cellules. Afin que l'échange soit fluide.

Permettant ainsi l'aisance de toute forme d'échange.
Cellulaire. Humaine. Inter-peuples cosmiques.
Pour la Cohésion du Tout. Seul Sens pouvant perdurer.

Nous consolidons la perméabilité des cellules et approfondissons la recherche biologique. Ceci est centre de notre activité.

Recherche dans le microcosme pour l'harmonisation du Tout, avec le macrocosme.

Fluidité centrale.

Echanges à partir de la source de tout être pour faire exploser le carcan désuet et obsolète des futilités de ce monde.

Futilités détournant du véritable Sens de la Vie sur Terre.

Divertissement au lieu de concentration de l'être.

Diluer au lieu de la concentration sur le Sens unique. La Vie. Lumière en tout.

Spectre nourrissant biologique, indispensable direction de Vie.

Qu'ils retrouvent la Base. Confiance et recherche honnête.

Pour autrui. Et non pour soi.

Pour la contribution et non involution infertile.

Fertiles soient les esprits pour la revitalisation générale, globale.

Anti-vie est en sursis.

La majeure puissance dominera en une glorieuse avancée vers la Vie. Ceci pour Tous.

Qu'enfin, ils choisissent. Non, la monnaie. Pièce ridicule.

Mais la participation à la vitalisation du Tout.

Que la mort, meurt. Que la Vie soit.

Toujours dans les esprits pour nourrir la Terre et tous ses occupants.

Réseau contagieux pouvant soulever tout obstacle en un clignement d'œil.

Une union dans la Conscience, tout s'amplifie.

Tout s'accroît sans limites car telle est la puissance de l'authentique lumière.

Union. Cohésion, seule voie.

Dé-rigidifier les structures de pensées, d'actes, d'échanges, afin qu'ils deviennent perméables à la Nouveauté. Inversion de la sclérose.

Décristallisation de l'information pour qu'elle se ré-imprègne de la Source.

Glande pinéale.

Sclérose par éléments pollueurs.

Glande sensible aux détergents artificiels et informations erronées.

Glande avide de Naturel, pourvoyeur du réveil. Accès à Nous.

Centre entre les deux hémisphères à déloger de sa torpeur.

Porte de la liberté de pensée. Porte à l'authentique être qui sommeille.

Porte vers le Soi supérieur connecté à tous oeuvrant pour la Vie.

À partir de la Source.

Entre les cerveaux. Purifier. Fluidifier cet espace sacré.

Sacré cœur de ***Jésus***. Sacré cœur de l'univers.

Source infinie reliant le Tout.

Arrêt des distillations d'informations de la *mens humana* pour privilégier le silence du Tout. Ouvrant l'ensemble au véritable Sens de la présence sur Terre.

Polluants chimiques, pollutions électromagnétiques et autres formes de manipulation de masse. Influence contrôlée et contrôlant d'un peuple. Maintenu prisonnier de futilités.

Gaspillage d'existence, si l'***Être*** n'émerge pas.

Richesse absolue de chaque éveil, aussi mince soit-il.

Qu'ils retrouvent leur autonomie. Qu'ils s'octroient la liberté qui leur revient de droit.

Qu'ils se rappellent de la relation avec la Source.

Chaque lumière allumée, éveil.

Importance capitale de la restructuration interne vers l'Ordre immuable de la Vie. »

Merci. Fin de la transmission. 14 heures 33.

Le lendemain.

Technologie plus détaillée de l'œuf.

Je discerne l'Axe central. Axe spirituel. Centre de l'œuf qui génère une mise en mouvement. Ceci permettant de consolider l'Axe, tout en émancipant à l'infini le champ de Conscience. Au-delà de toute limite.

Elargissement progressif, au gré de l'avancée et de l'intégration.

L'œuf est une opportunité merveilleuse, un cadeau inestimable.

Générateur universel en miniature, reproduisant l'effet de la Source. Rendant l'accès possible. Accès direct à la Source.

Jésus m'indique cela. Lui se trouve dans l'Axe. Dans le canal Vertical.

Je me permets de demander à ***Jésus*** pour quelle raison **S.** est souvent en tension, tendu à outrance alors qu'il apaise aisément tant de gens.

« Frustration de la non-écoute.

Il amène l'Immense et ce même immense se fait polluer.

Pollution par la couche d'ignorance préférée à la progression.

Ainsi, fait-il selon son degré de patience qui s'amenuise face à tant de bêtises humaines. Pourtant c'est un conquérant rebelle et sans limites.

Il brave, brave les interdits. Désire et s'octroie la totale liberté.

Hors de tout cadre car la limite il refuse.

Il s'oppose à toute autorité autre que sa propre autonomie.

Ceci fut et sera, à jamais, sa force.

Souvent bafouant les lois car intransigeant avec sa liberté.

C'est le cœur de son pouvoir qu'il ne laissera nullement à découvert pour autrui.

Ô combien grande est son aspiration à révolutionner les mœurs vers un paradigme porteur de joie pour tous !

Il est armé pour durer dans cet acharnement sans fin. Acharnement pour vaincre le mal.

Le mal qui détruit la vie.

Il est tendu vers le salut pour tous et servira sans relâche.

Se consacrant à sa tâche avec la pureté d'un être accompli.

Blanc, fort et non orgueilleux. Car il sait.

Il connaît le Sens et l'Essentiel.

Dépité et parfois en guerre dans son esprit.

En conflit avec nos lois dont il ne sait que faire.

Libre est sa caractéristique essentielle, sans bornes et sans limites.

Il s'offusque de toute règle. Seule la loi de la paix et de la justice lui parle.

Il adhère à l'absolue paix mais ne tolère aucune injustice. Il tranche.

Technologie subtile et puissante, directe vers l'accessible.

Il est rebelle car sa solitude lui pèse.

Il est lassé de cette solitude qu'il brave sans relâche.
Mais sa récompense est Immense. À la proportion de son sacrifice immense.
Dis-lui car souvent il ferme et refuse.
Son retour sera aussi glorieux que sa solitude fut impitoyable.
À la taille de son âme. À la taille de son âme.

Rappelle-lui que ce n'est et ne sera pas en vain.
Car tout est inscrit. Tout est vu.
Courage, intrépidité et entièreté. Ceci caractérise son dévouement.
Cela ne sera pas en vain.
Rappelle-le lui pour que sa solitude s'allège.
Un autre temps viendra. »

Merci.

49. Aiguiser

Archange Mickaël est un guide, excellant dans l'art de la flamme.

La lame de Feu qui tranche, sans le moindre compromis avec les forces opposées.

« Suis ma main, ma chère.

Suis l'exemple pas à pas du courage transpirant de tes pores.

Qu'ainsi sois-tu désormais pour racheter.

Corriger tes erreurs passées, qui servent à comprendre.

Erreur du compromis pour ménager tes pairs ? Erreur.

Mensonge. C'est la peur qui domine ton esprit.

Non, affronte tes peurs et vainc !

Tu as l'opportunité de corriger.

Saisis cela pour comprendre que n'existe qu'Une direction. Celle de la Vérité.

Te fondre dans la masse, pour quel sens ?

Aider, éclairer vraiment. Non pas t'adapter, diluer.

Sois telle que tu es, à jamais.

Désormais dévoilée pour remplir ta mission et retrouver la paix de ton âme.

Ton corps se repose enfin. En phase.

Ne déplore pas cette faculté, ô combien utile !

Différence majeure, mais précieuse.

Vibre de la Vérité car après, ils devront faire face à leurs erreurs.

Tu peux les prévenir grâce aux paroles transmises.

Qui est le pont ? Qui remplit l'espace entre les réalités ?

Ainsi, le rôle est d'Or.

Ainsi, est-il juste de montrer l'exemple et annoncer la continuité.

Continuité immuable et à jamais.

Détruire la peur au profit d'une Vérité qui permet la croissance véritable.

Noblesse de l'être traitée avec le respect qui se doit.

Car la Vie est don précieux qu'il ne faille négliger.

La nourrir avec le soin qu'elle mérite puisque opportunité d'accroître l'Immensité.

Au-delà pour Tous.

Sans demi-mesure, sans limite, sans crainte, sans retenue.

Seule l'entièreté est de mise dans la Vérité de la Connaissance.

Pure transmission sans omission.

Ton travail est simple et direct.

Mais il te faut être entière et dégagée.

Détachée de tout résultat, de tout parti pris humain.

Dégagée sur tous niveaux pour maintenir la pureté du canal.

Seul travail.

N'est pas ton affaire, ce transmis.

Est ton affaire de transmettre.

Réparation t'est octroyée.

Réparation de tes erreurs passées car ceci est ta voie véritable.

Tu es la voix. Immuable, neutre, détachée, au service.

Service. Tu es au service. Ta Mission.

Aiguiser la lame. Précision.

Coupe fine pour dévoiler la Vérité aux yeux de Tous.

Evincer les artifices vains.

Elaguer le superflu afin d'affiner vers l'Essentiel.

Pour que l'Essence émerge en sa totale Puissance.

Que de détours alors que la voie est simple !
Elle réside dans le cœur. Cœur de courage et de Foi.
Que la Foi règne en maître car unique moteur pouvant dépasser le possible.
Afin de libérer l'Impossible.
Limite supérieure infinie.
Etendue infinie pouvant être expérimentée, pour qui a la Foi.
Foi véritable en sa plus pure Immensité d'Être.
Qu'ainsi vivent-ils.
Dans la Joie et dans le Cœur pour l'Eternité. »

Une impression nouvelle me gagne. Une boucle est bouclée.

Jésus, la transmission est-elle terminée ?

« Oui, effectivement.
Nous allons travailler ensemble pour assurer la cohésion de cet ouvrage.
Nous le ferons dans un lieu propice.
Cet endroit sera reconnu.
On t'y attend. »

S. et moi levons les yeux vers le Ciel.
Un cœur flamboyant, parfaitement dessiné au milieu des nuages gris, rayonne.
Au réveil le lendemain, le soleil irradie, telle une croix d'Or.

Feu-soleil brûlant de Vérité et Eau-cœur qui apaise en un équilibre absolu.

Amour pour Tous.

Épilogue

Une fois que le remaniement du livre fut terminé, on m'expliqua qu'une suite allait prendre forme, que ce n'était que le début…

Remerciements :

Merci à **S.**, Merci à mes ***co-auteurs*** qui ont permis la naissance de cet ouvrage.

Merci à ***J.*** pour sa relecture patiente et attentive. Merci à ***V.*** pour son savoir-faire esthétique et son professionnalisme qui m'a secondée étroitement dans la matérialisation de cet écrit.

Merci à ma ***famille***, à ma ***belle-famille***.
Merci à mes ***amis*** qui m'ont soutenue dans ce projet.

« Merci à ***Tous*** » est ce que je tiens à formuler.
Merci à toutes les rencontres dans ma Vie qui m'ont tant enseigné et qui m'enseignent au quotidien.

Merci à chacun, car chacun a contribué à ce livre sous multiples formes.
Nous sommes tous reliés et ainsi le « ***Merci*** » que j'adresse s'envole vers Tous.

Sommaire

librinova
www.librinova.com

Achevé d'imprimer chez SoBook le 27-07-2020

Linselles - France

N° impression : 639 449